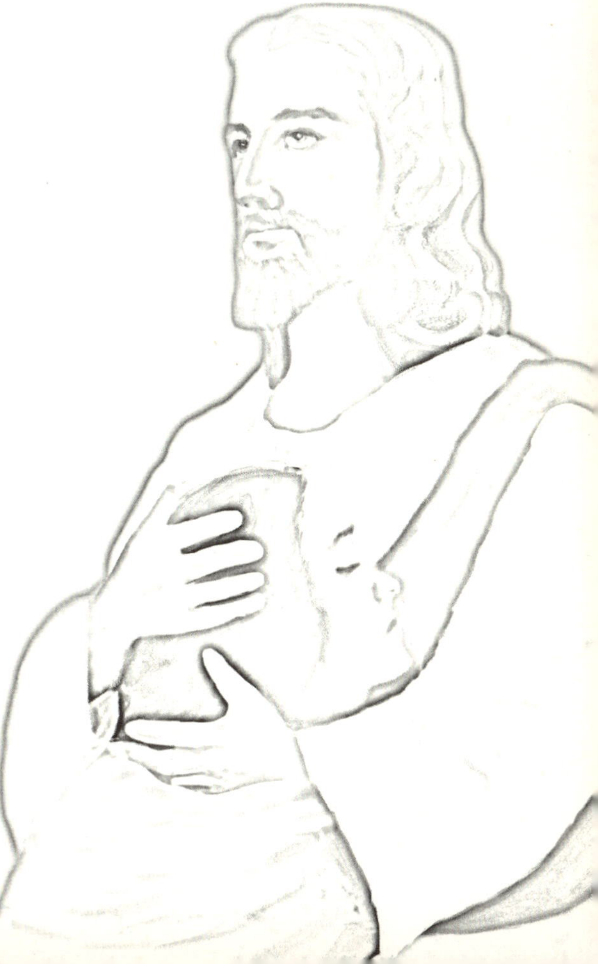

김 홍 덕 목사

김홍덕 목사는 1997년 12월 2일 다운증후군이라는 염색체 이상으로
생긴 장애를 가지고 태어난 늦둥이 딸 조이를 통해 새로운 세계를
보게 되었다. 장애아가 태어날 것이라는 진단을 미리 받았으나
"장애를 가지고도 하나님께 영광을 돌릴 수 있다"는 하나님의 음성을
들은 후, 하나님의 기쁨이 임하자 딸의 이름을 'JOY'라 지었고
그 기쁨은 오늘까지 계속되고 있다. 조이가 저자에게 더 없이 좋은
인생의 벗이 되었다는 의미에서 한국 이름을 '조은'이라 지었다.

그리고 딸의 이름을 따서 [조이장애선교센터]를 설립하여
조이와 같은 발달장애인들과 함께 삶을 나누고 있으며
그들이 만들어 내는 아름다운 이야기들과 하나님이 주시는 영감들을
글에 담아내는 사역을 함께 하고 있다. 지금은 'House of Joy'라는
이름으로 많은 나라에 장애인들의 공동체를 설립하고
장애인 공동체 가정교회를 만들어 나가고 있다.

복지 차원이 아닌 하나님나라(킹덤)의 관점에서 장애선교의 새로운
지평을 열어가고 있는 그는 "장애의 문화적 이해와 성경적, 신학적,
선교학적 조명"이라는 논문으로 Ph.D.를 받았다(2001).

Westminster Seminary(Philadelphia), MAR, M.Div.
Reformed Seminary(Mississippi) Th.M., Ph.D.

저서
『애덤킹 희망을 던져라』(북하우스, 2001)
『세상에 눈 멀고 사랑엔 눈 뜨고』(생명의말씀사, 2004)
『다운씨 감사합니다』(조이, 2008)
『장애신학』(대장간, 2010)
『약함이 강함입니다』(대장간, 2011)

홈페이지 www.joycenter.com
이메일 joycenter@hotmail.com

교회여!
지적장애인에게 성례를 베풀라

김 홍 덕

교회여! 지적장애인에게 성례를 베풀라

지은이	김홍덕
초판발행	2013년 3월 8일
펴낸이	배용하
책임편집	배용하
디자인	윤순하
등록	제364-2008-000013호
펴낸곳	**도서출판 대장간**
	www.daejanggan.org
등록한곳	대전광역시 동구 삼성동 285-16
편집부	전화 (042) 673-7424
영업부	전화 (042) 673-7424 전송 (042) 623-1424
ISBN	978-89-7071-284-0

 값 9,000원

차례

2부 · 지적장애인의 성례문제

차/례

교회여! 지적장애인에게
성례를 베풀어 주십시오

지적 장애아의 손을 잡고 교회를 가는 부모의 마음은 여러모로 착잡합니다. 지금은 많이 나아졌다고는 하지만, 지적 장애아를 데리고 교회를 나가는 데는 여전히 많은 용기가 필요합니다. 아이를 보고 "죄로 말미암아 벌 받은 아이", "열심히 기도해서 낫게 하세요", "귀신이 든 거지"라고 무책임하게 한마디씩 내뱉습니다. 아이가 예배 시간에 조금 소리를 내기라도 하면 예배에 방해가 된다고 일제히 따가운 시선이 날아옵니다. 이력이 난 지금은 이런 것쯤은 그래도 참을만합니다.

그런데 정작 지적 장애아를 둔 부모의 마음을 찢어 놓을 때는 따로 있습니다. 성례 주일입니다. 부모의 손을 잡고 어릴 때부터 예배에 참석한 어느 장애아이 이야기입니다. 세례를 받지 않았다고 성찬에 참석할 수 없다고 합니다. 세례를 신청했습니다. 세례 문답에 번번이 낙방했습니다. 미리 나누어 준 세례 문답 문제에도 제대로 대답하지 못한다는 이유입니다. 하늘나라 가는 데도 이렇게 입시가 어려운 줄 몰랐습니다. 교회 가는 것을 유난히 좋아하는 아이. 하루 종일 찬송을 흥얼거리는 아이. 그런데도 세례를 받을 수 없습니다. 아이가 떡을 받을 수 없는 성찬식을 대할 때마다 마치 아이를 땅에 떼어 놓고 혼자 천국에 올라가려고 애쓰는 못된 부모가 된 심정입니다.

먼저 지적 장애인에게 성례를 베풀지 않는 교회의 목회자님들에게 호소합니다. 제발 한번만 지적 장애아를 둔 부모의 처지에서 생각해 주십시오. 이렇게 말하는 것도 사실은 자존심 상하는 일입니다. 성적이 되지 않는 아이를 특별 전형으로 합격시켜 달라고 떼쓰는 느낌이 드니까요. 어떤 성경적 근거로 지적 장애인에게 성례를 거부하십니까? 혹시 깊은 생각 없이 교회 관행이니까 그렇게 해 오셨다면 지적 장애인들에게 성례를 베푸는 교회를 방문하시거나 그들의 소리를 한번 들어 보시길 권해 드립니다. 지적 장애인들에게 성례를 개방하는 것은 결코 그들에게 특혜를 베푸는 것이 아니라 교회라면 당연한 것입니다. 장애인을 포용하는 교회라고 말하는 것도 사실은 수치스러운 일이지요. 사회에 장애인이 없다면 그것은 사회가 아니듯, 교회에 장애인이 없다면 그건 이미 교회가 아니니까요. 하나님은 장애를 이유로 구원을 배제하신 일이 없습니다. 또 장애인을 위한 구원론, 일반인들을 위한 구원론을 따로 두시지도 않으셨습니다.

심지어는 유아세례를 베풀면서도 지적 장애인들에게 세례를 베풀지 않는다면 그건 자신들의 신학에도 충실하지 않는 것입니다. 유의한 언어로 신앙고백을 하지 못하는 사람에게는 세례를 줄 수 없다는 교회의 목회자님들께 호소합니다. 그렇게만 고집하신다면 말로 고백한 사람들은 모두 구원을 장담하신다는 뜻인데 과연 그렇습니까? 교회 안에 알곡과 가라지가 공존하는 것이 오히려 성경적 이해 아닙니까? 지상의 교회가 구원받은 자와 그렇지 못한 자를 가리는 책임과 능력이 없다는 것을 잘 아시지 않습니까? 입으로 고백한다고 해서 구원을 보장한다고 말할 수 없는 것과 자신의 입으로 신앙을 고백하지 못한다고 해서 구원이 없다고 단정적으로 말하지 못하는 것은 똑같은 이치 아닙니까? 세례가 구원의 증서가 아니라는데 동의하시지요? 구원은 오직 하나님께 나오고, 그 구원은 오직 성령 하나님의 신비한 역사를 통해 확증된다는 점에 동의하시지 않습니까? 그렇다면, 구원의 확증은 본인 입술의 고백이 아니라 성령의 내주하시는 증거가 더 중요하다는 데 동의하실 줄 믿습니다. 그럼, 매주 예배 참석하는 것을 즐거워하는 아이. 찬송할 때 춤을 추는 아이. 교회를 한 주라도 빠지면 한주 내내 부모를 달달 볶는 아이에게 무슨 근거로 구원을 장담하지 못한다고 세례를 베풀지 못하겠다는 것입니까?

사랑하는 목회자들이여! 한 영혼의 구원을 위해 오늘도 현장에서 땀 흘리는 목회자들이여! 아흔아홉 마리 양들을 잠시 두고 잃어버린 한 마리 양을 찾으러 가신 주님의 심정으로 지적 장애인들의 영혼을 찾아 주시길 부탁합니다. 교회 밖에 있는 장애인들을 전도하는 것도 중요하지만, 교회 울타리 안에 있는 지적 장애인들을 먼저 식구로 받아들여 주시길 바랍니다. 그동안 교회 안에 있었지만, 식구로 받아들여지지 않았던 성 밖의 사람들을 문 안으로 영접해 주십시오. 성례전은 교회의 특성을 가장 잘 말해 주는 표지입니다. 성례에 참여하는 조건으로 성별, 인종, 계급, 신체의 조건을 따지나요? 그런데 왜 아직 유독 신체적 · 지능적 조건을 성례의 조건으로 삼는지 모르겠습니다.

이제 하나님의 부요하신 은혜를 지적 장애인에게도 오픈해 주시길 바랍니다. 설교를 잘 알아들을 수 없는 그들에게는 성례전이 오히려 하나님의 풍성하신 은혜를 깊이 체험할 수 있는 최고의 기회가 될 것이기 때문입니다.

사랑하는 목회자님들. 부디 목회하시는 현장에서 우리 주님의 사랑을 많이 체험하기를 바랍니다. 나그네 모습으로, 환자의 모습으로, 행려자의 모습으로, 장애인의 모습으로 내미시는 주님의 손을 놓치는 일이 없기를 부탁드립니다.

이 책은 지적장애인들에게 성례를 베풀 신학적 · 성경적 · 논리적 근거를 제공하려는 것입니다. 자신이 견지하는 신학적 배경 그대로도 얼마든지 지적장애인들에게 성례전을 개방할 수 있다는 근거를 제공합니다.

놀랍게도 어떤 신학적 · 교단적 배경을 가지더라고 지적장애인들을 위한 성례전 개방이 가능하다는 것을 이 책을 통해 발견할 것입니다.

부디 이 책을 읽고 더 많은 교회와 목회자들이 열린 마음으로 지적장애인들에게 성례를 개방하여 오히려 교회가 더욱 풍성한 은혜를 체험하는 귀한 계기가 되었으면 합니다.

감사합니다.

장애아를 둔 아빠의 심정으로

김홍덕 목사 드림

지적장애인의 구원문제

1부

서언: 장애신학의 필요성

장애신학이 왜 필요한가? 장애신학이란 무엇인가? 이 질문에 단도직입적으로 대답한다면

전통신학이 그들의 신학적 논의에서 장애인을 배제해왔고, 오히려 비성경적 장애인관을 규정해왔기 때문에 전통신학 자체가 장애를 입은 신학이라고 말할 수 있다.

근본적으로 말한다면 장애신학은 따로 필요 없다. 장애신학 또한 장애인을 위한 '따로 신학'을 둘 필요가 없기 때문이다. 하나님께서는 사람을 창조하시고 인간에 대한 목적을 세우실 때 장애인과 비장애인을 따로 구별한 일도 없을 뿐더러 장애신학이라는 특별히 장애인들에게만 적용되는 생각과 규율을 정하신 일도 없다.

그럼에도, 역사적으로 전통신학은 소위 비장애인의 상황에서 모든 신학을 정립하였기 때문에 장애인에 대한 바른 신학적 소견을 가질 수 없었을 뿐 아니라, 대부분 성경의 가르침과는 동떨어진 왜곡된 해석을 제공해왔다. 결국 신학이 장애를 입은 것이다.

따라서 장애를 입은 신학을 바로 잡는 일이 장애신학의 할 일이며, 더 나아가 장애를 통해서 전개해 나가는 하나님나라의 이야기를 쓰는 일이다.

지적장애인의 구원문제만 해도 전통신학에서는 아무런 언급조차 하지 않는다. 더구나 기독교 역사에서 지적장애인에 대한 이해

와 태도는 지극히 부정적이었다. 지적장애인들은 교회 안에 설 자리조차 없었다. 교회가 지적장애인에 대한 구원문제를 진지하게 고민한 것도 최근의 일이다. 그것도 사회가 장애인을 품는 과정에서 교회가 압력을 받아 뒤따르게 된 것이니 서글프긴 해도 바람직한 방향인 것만은 사실이다.

이제 한국교회에도 지적장애인들에 대한 사역이 늘어가고 그들에게 성례를 베푸는 교회도 늘고 있다. 그러나 아직도 많은 교회가 지적장애인의 구원과 성례에 대한 신학적 논의가 되지 않았다는 이유로 지적장애인의 성례를 피하고 있다. 이제 그들의 구원문제와 성례문제에 대한 신학적 견해를 정리함으로써 지적장애인들을 위한 성례의 근거를 마련하고자 한다. 이 근거를 따라 이제 교회가 지적장애인들에 대한 성례의 문을 활짝 여는 계기가 되길 간절히 소망해 본다.

1. 지적장애에 대한 역사적 인식[1]

헬라 로마 시대

헬라 로마시대에는 완벽한 신체, 건강한 정신, 지적 능력 등을 사회적 가치로 생각하였다. 따라서 지적장애인들은 놀림의 대상이 되거나 거지로 전락하는 것이 대부분이었고 심지어 죽임을 당하기까지 했다.

플라톤은 그의 저서 『공화국』에서 이상국가를 설명하면서 "선한자의 자식은 잘 양육해야겠지만, 불량한 자의 자식이나 신체장애를 가지고 태어난 자식은 몰래 적당하게 처치해야 할 것이다"라고 말하면서 신체적, 정신적으로 건강한 사람만이 사회에 존재할 가치가 있다고 주장했다.

스파르타에서는 리쿠르고스Lycurgus법에 따라 모든 아이는 태어나자마자 신체검사를 받아야 했고, 그 결과 '결함 있는 아이'로 판명되면 야산에 내다버려야 했다. 즉 원로들이 태어난 아이를 자세히 살펴보고 튼실하다고 판단하면 부모에게 아이를 양육할 권리를 부여하고, 아이가 부실하거나 장애가 있으면 "아포테네"라는 바구니에 담아 폐기하였다.

의학의 아버지라 불리는 히포크라테스마저도 지적장애는 몸의 균형이 깨져서 생기는 병이라고 설명할 정도로 지적장애에 대해 무지하였다.

아리스토텔레스는 장애아로 태어난 영아는 살지 못하도록 하는 법을 제정해야 된다고 주장하여 그의 스승 플라톤의 생각을 넘어서지 못했다.

로마 12표법은 영아를 죽이는 것을 법으로 금하나 한 가지 예외조항이 있었다. 그 예외조항은 다름 아닌 장애아로 태어나면 반드시 죽이라는 것이다.

초기 기독교 시대

이 당시 사회는 장애인을 "소위 인간"이라는 말로 부를 정도로 인간이하의 존재로 보았다. 지적장애인이란 개념조차 아예 존재하지 않아 주로 귀신들린 사람으로 취급받았고, 축귀사역의 대상이 되었다. 쿰란공동체를 보면 신체장애인들 역시 부정한 부류로 취급받아 구원의 반열에서 제외된다고 여겼다.

중세 시대400~1500

이 시대에는 지적장애와 정신병을 혼동했다. 기독교 전통 관례대로 이때도 지적장애를 마귀가 든 것이라 생각하고 마귀를 쫓는다는 명분으로 정신지체장애인지적장애인을 고문하고 태워죽이기까지 했다.

그러다가 1324년에야 처음으로 정신지체라는 장애카테고리에 넣어 분류했다. 중세시대의 지적장애인들은 주로 병원이나 고아

원, 감옥, 수도원 등에 격리 수용되었다.

종교개혁시대 1517-1648

종교개혁시대의 지적장애인에 대한 견해 역시 중세시대의 그
것과 크게 달라진 것은 없지만 정신병과 지적장애를 구별하기 시
작했다는 점에서 큰 진전을 이루었다고 본다. 하지만 여전히 지적
장애인들을 "바보", "천치"로 불렀으며 이들에 대한 태도 역시 매
우 부정적이었다. 그럼에도, 지적장애가 뇌의 손상으로부터 생긴
다는 의학적인 판단을 함으로서 지적장애를 바라보는 새로운 관
점이 생겨나기 시작했다.

종교개혁가 중에 루터가 지적장애에 관해 가장 많이 입에 오르
내리므로 여기서 루터의 견해에 대해 밝히기로 한다.

루터는 정신장애 또는 지적장애에 대해 과격한 견해를 가진 것
으로 알려져 있다. 즉 정신장애를 가진 어린아이를 강물에 던져버
리라고 했다거나 농아인은 들을 귀가 없기 때문에 구원 받을 수
없다고 주장했다는 것이다.

이런 주장이 나오게 된 배경은 루터의 언행을 기록했다는 『탁
상담화』Table Talk의 한 내용 때문이다. 정신장애를 가진 12살 된
한 소년을 본 루터는 "이런 아이는 강물에 던져 죽여야 된다. 왜냐
하면 저 아이는 영혼이 없는 육체이기 때문이다. 마귀가 영혼이
되어 저 아이를 삼켜버렸으니 저 아이의 영혼은 바로 마귀다"라고

말했다고 한다.

『탁상담화』 기록의 정확성에 대해 의문을 제기하는 학자도 여럿 있고, 또 식사시간의 사적인 대화를 루터의 동료들이 기억을 더듬어 재구성했기 때문에 부정확할 수도 있다. 따라서 루터의 장애에 대한 보다 정확한 견해를 알려면 그가 직접 쓰거나 설교한 자료를 통해 알아보는 것이 좋을 것 같다.

따라서 루터의 문헌을 다각도로 연구한 최근의 연구를 살펴보면, 루터는 그의 전 작품을 통해서 장애인에 대한 지독한 편견을 가진바 없다고 조사되었다. 오히려 지적 및 신체적 장애를 가진 개인비서를 거의 30년 가까이나 곁에 두었다는 사실 하나만 보아도 장애인에 대한 심한 편견이 없었다고 주장할 수 있다. 또 루터가 농아인의 구원에 대한 편견을 가지고 있었다는 부분도 그의 주석을 읽어보면 오히려 그들의 구원을 두둔하는 걸로 나온다. 루터는 농아인의 성만찬 참가를 환영했고, 그들의 구원도 들음을 통해서가 아니라 내적 증거로 확증할 수 있다고까지 생각했다.2)

그리고 말라기 주석에서는 레위기 21장 16~23절을 언급하면서, 거기 나온 부정한 사람들–각종 장애인–이 꼭 육체적 장애인을 말하는 것이 아니라 영적 장애인을 말하기도 한다고 장애인을 옹호했다.

다만 루터는 당시에 사회적으로 큰 문제가 되었던 마녀에 대해서는 매우 민감하게 반응하여 마녀를 화형 시키는 데 앞장섰는데,

그것은 마녀를 마귀의 화신이라 생각했기 때문이다. 또 정신장애를 귀신이 사람의 영혼을 쫓아내고 대신 사람의 영으로 자리를 잡는 것이라 생각했는데, 그렇기 때문에 귀신이 죽도록 정신장애인을 강물에 던져야 한다고 생각한 것 같다. 귀신을 강물에 던져야 죽는다는 생각은 "더러운 귀신이 사람에게서 나갔을 때에 물 없는 곳으로 다니며 쉬기를 구하되"눅11:24라는 구절을 통해 귀신은 물과 상극이라는 생각을 한 당시 문화적 관념에서 나오는데, 루터도 그렇게 생각했던 것 같다.3)

루터는 자신의 글 여러 곳에서 귀신의 문제에 대해 심각하게 다루고, 귀신이 일으키는 행동양태들을 자세히 기록하는 것으로 보아 귀신에 대한 상당한 관심이 있었던 것 같다.

루터는 확신을 가지고 "모든 위험한 질병에는 귀신이 배후에 있다"고 말할 정도였다. 그러나 동시에 루터는 "맹인, 저는 자, 기억력 상실등과 같은 장애는 귀신의 작용이 아니라 자연적 결함일 수도 있다"라는 의견을 피력하기도 했다.

하지만, 루터가 지나치게 귀신과 질병 특히 정신질환에 집착한 것만은 사실인 것 같다. 동시에 그 당시 지적장애와 정신장애를 구별하지 못했던 시대적 흐름에 따라, 때때로 루터도 지적장애와 정신장애의 구별을 혼돈한 것 같다. 예를 들어 간질을, 처음에는 귀신이 일으키는 병으로 보았다가 나중에는 뇌세포의 이상으로 생기는 것 같다고 본인의 생각을 바꾼다.

따라서 정신장애를 가진 12살 소년을 루터가 물에 던지라고 한 것은 그렇게 하면 귀신을 죽일 수도 있지 않을까하는 개인적 소견을 가지고 식사시간에 사적으로 가볍게 한말을 동료들이 대수롭지 않게 기록하지 않았나 싶다.

18세기 유럽

이 시대에는 지적장애인을 바보 또는 천치로 불렀다. 지적장애인들을 위한 최초의 기관이 영국의 베들렘에서 시작되었으나 시설이나 대우는 처참했다. 지적장애인들을 시설 안에 쇠사슬로 묶어 놓았다.

그러나 정신병과 정신지체를 구별하여 치료해야 한다는 Dr. Pinel의 주장이 나오면서 비로소 지적장애인이 쇠사슬에서 놓임을 받을 수 있었다. 하지만, 지적장애인을 쇠사슬에 묶어 놓는 행태는 세계 도처에서 19세기 20세기까지 이어졌다. 또한 우리나라를 비롯한 세계 여러 나라에서 현재까지도 이런 행태가 계속된다는 점이 매우 안타까울 뿐이다.

19세기

19세기에 들어와서 지적장애인에게도 교육이 필요하고, 또 그들에 맞는 치료를 도입해야 한다는 자각을 하기 시작했다. 따라서 그동안 철저히 사회에서 격리되어 왔던 지적장애인들을 위한 대규모 수용시설과 의료시설이 도입되었다. 인권주의의 영향으로 지적장애인들의 인권도 보장해야한다는 사회적 개혁에 대한 주장이 제기되기 시작했다. 그러나 대규모 수용시설은 또 다른 문제를 야기하였다.

20세기

20세기에 들어와서야 비로소 지적장애인들에 대한 바른 이해가 증가했으며 본격적인 교육이 실시되었다. 장애법이라든가 특수교육법과 같은 법령이 따로 제정되기 시작하였고, 본격적으로 신체장애인과 구별하여 별도로 지적장애인을 위한 교육 방안을 연구하기 시작하였다. 이런 사회의 복지적, 교육적 관심의 증가와 함께 교회도 지적장애인들에 대한 관심을 가지기 시작하였고 그들의 구원문제에 대한 논의를 시작하였다.

2. 하나님을 아는 지식과 지적장애인의 구원

하나님을 아는 지식에 관한 이슈는 지적장애인 가족들에게는 가시 같은 질문이다. 왜냐하면 전통적으로 구원문제를 논하는 기존의 신학적 질문이 하나님을 아는 지적능력의 유무로 시작했기 때문이다. 전통적으로 교회에서는 지적장애인이 성경을 읽지 못하고 또 성경 가르침에 대해 바른 답변을 하지 못할 때, 또는 요구되는 적절한 반응을 하지 못할 때, 구원에 대한 확증이 없다는 이유로 세례를 베풀지 않는다.

그렇다면 어느 정도의 지적수준이 하나님을 아는 지식에 적정한 수준일까? 반대로 하나님을 안다고 지적으로 표현을 한 사람은 다 구원받은 사람일까? 라는 이율배반적인 질문이 생긴다. 더 나아가 하나님을 아는 방법이 꼭 지적인 능력을 요구하는 일일까? 지적 능력이 요구되지 않고도 하나님을 체험하는 방법은 없을까?

더 나아가 하나님의 신적 존재에 대한 그의 계시가 꼭 사람들의 지적반응에 따라 조건적으로 발현될까? 과연 지적장애인이 하나님을 아는 지식과 비장애인들이 하나님을 아는 지식의 방법은 다른 것일까? 하는 의문점들이 꼬리를 물고 일어난다.

아무튼 사람들의 질문을 한마디로 요약한다면,

지적능력에 한계가 있어서 충분히 자신의 의견을 개진하지 못하는 지적장애인은 어떻게 그들이 신적존재 또는 구원과 같은 추상적 개념을 이해할 수 있을까? 라는 질문으로 단순화시킬 수 있다.

그렇다면 하나님을 아는 지식은 어떻게 생기는 것일까?

다른 말로 하면, 하나님을 아는 지식을 사람들이 어떻게 평가할 수 있을까? 이 질문은 하나님께서 당신을 아는 지식을 지적수준이 되는 사람에게만 주었다는 전제주의자들에게 역발상적으로 되물을 수 있다. 우리는 이것을 지적장애인들에게도 하나님을 아는 지식을 그의 독특한 방법으로 주셨다고 한다면 우리가 어떻게 그것을 인지할 수 있을까? 하는 질문으로 바꾸어 물을 수 있다.

그럼 하나님을 아는 지식을 판단하는 데는 어떤 방법들이 있을까?

전통적으로는 하나님의 말씀이 구원 계시의 유일한 수단이란 생각으로 성경에 대한 지식과 이해를 가져야만 구원을 확인할 수 있다는 생각이 지배적이다. 그러나 이런 생각은 정통신학 아래서도 너무 좁은 생각임에 분명하다.

왜냐하면 하나님을 아는 특별계시에도 언어적 방식이 아닌 비언어적 방법-꿈, 환상, 제비뽑기, 우림과 둠밈 등-이 사용되고, 또 하나님은 지적 능력이 요구되지 않는 방법-하나님의 현현하심-으로도 역사하시기 때문이다.

하나님을 아는 지식은 하나님의 말씀을 통해서, 역사적 사건을 통해서 그리고 하나님의 사람들을 통해서 알 수 있다고 존 프레임

John Frame은 정리한 바 있다.4) 정통 개혁주의 신학자인 그의 주장은 하나님의 구원의 은혜가 얼마든지 지적장애인에게 전해질 수 있다는 신학적 근거가 되기에, 먼저 그의 신학적 논리를 소개하고 그것을 바탕으로 지적장애인의 구원의 근거를 주장하고자 한다.

첫째, 하나님을 아는 지식이 하나님의 계시의 말씀인 성경을 통한다는 것은 주지의 사실이지만, 성경을 읽을 수 없고 읽어도 무슨 뜻인지 잘 알지 못하는 지적장애인은 어떻게 성경을 알 수 있을까 하는 질문이 생긴다. 이 질문에 대해서는 다음에 이어질 본문에서 본격적으로 논의하고자한다.

둘째, 역사적 사건을 통해서 하나님의 구원의 은혜를 이해할 수 있다. 즉 역사를 일반역사와 구속역사로 나눌 때, 두 가지 방법 모두 하나님의 말씀을 이해할 수 있는 매개체가 된다.

하나님께서 이 세상에 무수히 일으키시는 구속역사는 하나님의 사람들을 부르시는 도구이다. 때문에 우리는 역사 속에 일어나는 사건을 통해 하나님을 만나기도 하고 또 기적과 같은 사건을 통해 하나님이 스스로 존재하신다는 것을 체험할 수도 있다. 즉 하나님은 역사 속에서 사람을 부르시고, 사람들은 역사사건를 통해서 하나님을 만난다. 그렇다면 하나님은 지적장애인들에게도 기적과 같은 역사적 사건을 통해 친히 자신을 보여주실 수 있다. 뿐만 아니라 지적장애인들도 역사에 일어나는 사건들을 통하여

전지전능하신 하나님을 체험하고 구원의 하나님께 굴복하는 것은 얼마든지 가능하다. 비록 입으로 고백하지는 못할지라도.

존 프레임John Frame은 이 역사적 사건에 성례전을 포함시킨다. 성례전이 곧 하나님의 말씀은 아니므로 성례라는 사건을 통해 그리스도를 만나는 통로가 된다고 주장한다.5)

셋째, 하나님의 구원의 은혜는 하나님의 사람을 통해서도 전해질 수 있다.

"우리가 새 사람을 입었으니 이는 자기를 창조하신 이의 형상을 따라 지식에까지 새롭게 하심을 입은 자니라."골3:10 즉 하나님의 사람들은 하나님을 아는 지식으로 새로워진 사람들이고 하나님의 형상을 지닌 사람들이기 때문에 다른 사람들에게 이런 지식을 전할 수 있다는 것이다. 다른 말로 하면, 하나님께서는 그의 백성을 통해서도 당신을 알도록 그들을 계시 수단의 하나로 삼으셨다는 것이다.

그리스도를 본받으라는 말씀을 토대로 우리는 예수 그리스도뿐만 아니라 하나님의 사람들까지 본받을 수 있어야 한다. 바울사도가 고린도교회에게 자신을 본받으라고 한 것은 좋은 예이다.고전11:1 그렇게 믿음의 사람을 본받다보면 믿음이 자라고 하나님의 말씀과 계시들을 더욱 더 잘 이해하게 된다. 따라서 믿음의 사람도 계시의 중요한 한 수단이다.6)

존 프레임John Frame은 이 영역에서 성령의 도우심이 없는 사람을 통한 역사는 불가능하고 무의미하다는 이유로 성령의 역사를 강조한다. 왜냐하면 성령이 사람을 거듭나게 하시기 때문이다. 요3:5 그리고 성령은 하나님을 아는 지식으로 인도하기 때문이다. 골3:10 또한 성령을 통해서만이 성경을 바로 이해할 수 있기 때문이다. 엡1:17-19

이렇게 복음은 우리에게 말을 통해서 뿐만 아니라 하나님의 권능과 성령에 의해서도 얼마든지 전해질 수 있다. 이 사실은 고린도전서 2장 45절을 보면 분명해진다.

"내 말과 내 전도함이 설득력 있는 지혜의 말로 하지 아니하고 다만 성령의 나타나심과 능력으로 하여 너희 믿음이 사람의 지혜에 있지 아니하고 다만 하나님의 능력에 있게 하려 하였노라"

동시에 더욱 중요한 것은 성령의 이런 외적 능력을 통해서 뿐만 아니라 성령의 내주하심의 역사를 통해서 사람들을 구원으로 인도한다는 점이다.

따라서 세 번째 관점을 통해 보더라도 지적장애인들을 구원으로 이끄는 것은 인간의 언어나 또는 지적능력의 차원을 넘어서 믿음의 사람을 본받음이나 성령의 역사능력과 내주의 역사를 통해서 얼마든지 가능하다는 답을 얻게 된다.

결국, 존 프레임John Frame이 논리적으로 정리한 하나님을 아는 지식의 방법들을 통해서 보더라도 지적장애인들이 하나님을 알아 구원에 이르는 것에서 결코 배제되지 않는다는 점을 분명히 알 수 있다.

하나님을 아는 지식의 문제에 대해서 조금 더 세분화하여 정리해 보자.

하나님의 형상을 통하여

웨스트민스터 신앙고백은 다음과 같이 설명한다.

> 하나님께서 인간을 창조하실 때 그들을 하나님의 형상대로 지식과 의와 거룩함으로 지으시고, 그들의 마음에 하나님의 법을 기록하시고, 피조물 통제권과 함께 하나님의 법을 지킬 능력을 주셨으나 타락할 수도 있게 지으셨다. WCF 17

따라서 하나님의 형상대로 지음 받은 인간들은 하나님을 아는 지식을 부여받았다. 하나님의 지식으로 그의 형상을 인간에게 부으셨다는 의미가 지적능력만을 의미한다고 볼 수 없다. 인간이 지적으로 하나님을 아는 데는 근본적 한계가 있기 때문에 하나님의 형상으로 오신 예수 그리스도를 통해 구체화된 형상으로 하나님을 이해해야만 한다.

그렇다면 예수 그리스도가 하늘에서 땅으로 내려오신 것, 못

박히심, 부활하심, 승천하심, 구름타고 다시 오심 등 주님의 구원 사건 자체는 구체적으로 형상화된 매우 시각적 이야기이기 때문에, 지적장애인들이 이해하기에 큰 지적 능력을 동원해야할 만큼 어려운 것이 아니다. 구원의 개념을 신학적 도식으로 설명하는 것이 추상적이지 구원은 결코 추상적인 개념이 아니다. 따라서 지적장애인이 어떻게 구원이라는 추상적 개념을 이해할 수 있을까 하는 의문은 한낱 기우에 불과하다. 바울도 우리에게 하나님을 아는 지식은 인간의 지적능력으로가 아니라 성령을 통해서라고 강조한다.

기록된 바 하나님이 자기를 사랑하는 자들을 위하여 예비하신 모든 것은 눈으로 보지 못하고 귀로 듣지 못하고 사람의 마음으로 생각하지도 못하였다 함과 같으니라. 오직 하나님이 성령으로 이것을 우리에게 보이셨으니 성령은 모든 것 곧 하나님의 깊은 것까지도 통달하시느니라. 고전2:9-10

고린도전서 2장 9-10절은 소위 장애가 없는 훌륭한 지적 소유자라고 할지라도 성령이 아니고는 하나님을 알지 못한다고 강조한다. 하나님나라의 비밀은 눈으로 보지 못하고 귀로 듣지 못하고 마음으로 생각지도 못한다고 했다. 이 말은 눈, 귀 등 신체적 조건 등이 구비되고 지적능력이 출중해도, 인간 스스로는 하나님의 비밀을 알 수 없다는 것이다. 그렇다면 하나님을 아는 지식에 인간의 조건이 기여하는 바는 아무것도 없다는 결론에 이르기 때문에 장애인이나 비장애인이나 하나님을 아는 조건에는 아무런 차별이 없다.

골로새서 3장 10-11절은 하나님의 형상이 하나님을 아는 지식의 근본이라고 말한다.

> "새 사람을 입었으니 이는 자기를 창조하신 이의 형상을 따라 지식에까지 새롭게 하심을 입은 자니라 거기에는 헬라인이나 유대인이나 할례파나 무할례파나 야만인이나 스구디아인이나 종이나 자유인이 차별이 있을 수 없나니 오직 그리스도는 만유시요 만유 안에 계시니라"

즉 하나님의 자녀들은 그의 부르심을 따라 새롭게 되는데, 그것은 바로 하나님의 형상이 회복되었다는 뜻이다. 이 하나님의 형상의 회복은 하나님을 아는 지식을 새롭게 한다. 따라서 하나님의 형상이 하나님을 아는 지식으로 이끈다. 그렇다면 지적장애인들도 하나님의 형상을 따라 지음 받은 존재이므로 하나님을 아는 지식으로 얼마든지 인도될 수 있다. 하나님의 형상이 인간의 신체적 조건이나 지적 능력에 따라 차별되게 부어지지는 않는다.

장애가 손상 또는 손실을 의미한다면 하나님의 형상이 장애인에게는 손상 또는 손실 되었다고 보아야할까? 하나님의 형상은 물리적인 것이 아니므로 손상 또는 손실 되는 성질의 것이 아니다.

또 하나님이 장애인도 창조하셨다고 하셨으므로출4:11 만일 하나님 형상이 장애인들에게는 손상 또는 손실되었다고 말한다면, 그건 하나님의 창조의 불완전성을 말하는 것이기에 이치에 맞지도 않는다.

골로새서 3장 11절은 이런 하나님의 형상은 헬라인이나 유대인이나 할례파나 무할례파나 스구디아인이나 종이나 자유인이나 차별 없이 부어졌다고 한다. 그렇다면 당연히 장애인이나 비장애인에게도 차별 없이 주어졌다고 해야 한다. 당시 헬라인과 유대인, 할례파와 무할례파, 종과 자유인의 구분은 장애인과 비장애인의 구분만큼이나 사회적으로 처절한 신분적 구분이었다. 그럼에도, 복음은 그들에게 공평하게 주어졌다. 마찬가지로 구원의 은혜가 지적장애인에게도 충만하게 부어졌다는 것은 지극히 당연한 사실이다. 똑같이 하나님의 형상으로 창조된 하나님의 사람이기 때문이다.

일찍이 몰트만은 "장애인이 없는 교회는 장애교회"라고 말한 바가 있다. 또 그는 "장애인은 하나님의 형상이 비워진 사람들"이라고 주장한 틸리크를 통박하였다.7)

그러므로 '장애에도 불구하고'가 아니라 '장애를 통해서' 하나님의 형상을 본다. 그것이 예수 그리스도의 십자가가 보여주신 하나님의 형상이다.8)

하나님의 형상을 하나님의 삼위일체적 존재를 들어 하나님과 그의 백성의 관계로 설명하기도 한다. 즉 성부하나님은 그의 뜻을 그리스도를 통해 나타내시고 그리스도는 또 그의 백성들에게 성령하나님을 통해 성부하나님의 뜻을 알게 하신다. 따라서 이런 관계성을 통해 하나님을 알고, 또 하나님의 형상을 본다는 것이다. 그렇게 함으로써 하나님의 백성이 하나님 안에서 서로의 관계성을 통해 하나님의 형상을 보는 것이다.

그러므로 지적장애인들이 하나님을 아는 지적능력이나 영적 수용성을 가졌는지를 묻지 말고 어떻게 그들과 영적 교제를 나눌 것인가라고 물어야 한다.9)

궁극적으로 하나님의 형상은 지적 능력에 의해 회복되는 것이 아니라 성령의 역사에 의한 하나님과 우리의 관계성의 질에 따라 회복된다. 이런 관계성은 하나님의 형상을 회복하는 데 기여할 뿐 아니라 하나님을 아는 지식으로 이르게 하는 매개체가 될 수 있다.

하나님과의 개인적 관계를 통하여

하나님과의 개인적 관계를 통해서도 하나님을 아는 지식을 얻을 수 있는데, 이때 얻게 된 지식을 "야다"라고 한다. 이 "야다"라는 히브리어는 "개인적이고 경험적이며 관계적"인 지식을 의미한다. 즉 지적으로 획득한 지식이 아니라 체험을 통해 얻은 지식을 말한다.

"야다"라는 단어가 부부관계에서 일어나는 앎을 의미하는데, 어떤 사람이 자신의 배우자에 대해 아무리 수많은 과학적 데이터를 구구절절 다 외운다고 해도 자기보다 배우자를 더 잘 아는 게 아닌 것처럼, 마찬가지로 하나님에 대해서 지적으로는 잘 모른다고 해도 하나님을 더 잘 알 수가 있다. 이것은 마치 문맹인 할머니가 성경을 읽지는 못해도 하나님을 뜨겁게 사랑하는 것과 마찬가지다.

Kittel도 '그노시스'란, "앎"knowing이 "봄"seeing에서 온다는 것을 의미한다고 했다.10) 결국 개인적 체험이 내포된 지식을 의미한다. 그러나 이러한 경험도 그리스도에 관한 체험이어야 한다. 말씀으로 오신 그리스도를 통해서만 구원이 있기 때문이다.

하나님이 인간을 그의 형상으로 만드신 이유는 그가 우리와 교제하기 위함이다. 우리가 하나님의 형상 없이 그와 교제할 수 없기 때문이다. 따라서 우리가 하나님과 교제할 때, 우리 안에 있는 하나님의 형상이 그와 교제를 가능케 한다.

따라서 하나님의 형상은 우리가 하나님과의 교제를 가능케 하는 매개체이자 내용이 된다. 우리가 하나님과 교제하는 내용이 하나님의 형상이고, 배우고자 하는 최고의 목표가 그를 닮는 것이기 때문이다.

그렇다면, 지적장애인들이 하나님과 교제하는 데 있어서 그들 안에 있는 하나님의 형상이 하나님과의 교제를 가능하게 하며 교제의 내용이 되기 때문에 이런 교제에 굳이 세상의 논리적 사고방식이 요구되는 것이 아니다.

하나님과의 언약적 관계를 통하여

하나님과 그의 백성의 관계를 언약적인 관계로 보고, 구원을 언약의 틀에서 본다면 지적 장애인의 구원 문제도 좀 더 쉽게 접근할 수 있다. 언약은 하나님의 선언에서 시작한다.

"나는 너희의 하나님이 되고 너희는 내 백성이 되리라."

이 선언은 하나님이 당신의 백성을 일방적으로 선택하셨다는 의미이다. 어떤 조건도 없다. 하나님의 선택은 그가 포기하지 않는 한 무효화 되지 않는다. 이 언약적 선택은 일방적 선택이지만, 선택받은 처지에서 보면 가장 안전한 장치이다. 인간은 하나님을 놓칠 수 있어도 하나님은 그의 백성을 놓치는 법이 없으니까.

그리고 이 언약은 개인적 약속이 아니다. 영적 이스라엘에 대한 계대적 약속이다. 아브라함의 하나님, 이삭의 하나님, 야곱의 하나님을 강조한다.

따라서 "주 예수를 믿으라. 그리하면 너와 네 집이 구원을 얻으리라"행16:31의 효력이 믿음의 가정에 계대적으로 흐를 것을 믿고 유아세례를 베푸는 것이다.

언약의 하나님이 자신의 자식을 구원해 주실 것이라는 믿음 아래 자식에게 유아세례를 베풀 듯 지적장애인에게도 그런 믿음을 적용할 수 있다.

그렇다면 믿지 않는 가정에 사는 지적장애인은 어떤가?

언약의 하나님을 현재 믿는 가정에만 적용한다면, 그건 또 언약의 하나님을 잘못 이해하는 것이다. 언약의 하나님은 과거에만 적용되는 것이 아니라 미래의 백성에게도 적용된다. 언약의 하나님은 기존 신자들에게도 적용되지만, 새로 천국시민이 될 사람에게도 적용된다. 비록 부모가 믿지 않는 때에도 얼마든지 하나님은 믿음의 가정을 새롭게 일으키신다.

하나님의 언약은 반드시 자신의 백성을 자신이 책임지시겠다는 약속이기 때문에 우리는 누가 그의 백성인지 알지 못한다. 다만 추정할 뿐이다. 그런 추정에서 지적장애인을 빼는 우를 범하면 안 된다.

언약의 하나님의 질서는 그리스도를 통해 완성된다. 그렇다면 그리스도의 사랑이 다른 어떤 인간적 조건도 뛰어 넘기 때문에 이방인인 우리가 구원을 얻었다. 그리스도의 사랑으로 정죄 받은 세리, 나병환자, 창녀의 구원을 가져오고 가난한자를 위시한 소외받은 자들이 주님께 돌아오게 했다. 결론적으로 그리스도가 품으신 사람들이라면 그들은 처음부터 하나님의 언약 안에 있었던 사람들이라는 것이다.

언약의 관계는 성부 하나님이 약속하시고 그리스도가 중보하시고 성령이 보증하신다는 뜻이다. 따라서 하나님께서 지적장애인에 대한 구원을 약속 하셨으면-지적장애를 이유로 구원을 배제하지 않으셨기 때문에-그리스도가 중보하신다. 그는 십자가에 단번에 죽으심으로 모든 사람-지적장애인을 포함한-의 구원자가 되셨다. 따라서 지적장애인도 그 구원의 은혜를 입었다.

그런데 지금 지적장애인들의 구원을 어떻게 증명하는가하는 문제로 그들의 구원을 인정할 수 없다거나 확증할 수 없다는 어정쩡한 태도를 보이는 교회들은 하나님의 구원계획을 무시하고 있다는 사실을 알아야 한다. 성부하나님이 약속하셨고 성자하나님이 실현하셨고 이제 성령하나님이 보증하신다는 데 사람들은 보증을 못하겠다니 도대체 말이 되는 소리인가? 지적장애인을 포함한 모든 사람을 위한 그리스도의 구속역사를 우리 성령님께서 보증 하신다는데, 왜 굳이 지적장애인들에게는 보증을 할 수 없다는 것일까?

그렇다고 지적장애인 모두에게 구원이 있다는 말이 아니다. 우리 주님이 모든 사람을 구원하시려고 오셨다고 해서 모든 사람이 구원받는 게 아닌 것처럼.

교회를 통하여

가톨릭처럼 교회를 구원의 한 방편으로 보는 것은 분명 문제가 있지만, 교회가 하나님의 계시를 아는 한 수단이라는 것은 명백한 사실이다. 따라서 지적장애인들이 교회의 예배를 통하여, 교회의 의식을 통하여, 또 다른 하나님의 사람들과의 교제를 통하여 하나님의 사랑을 느끼고 그 사랑을 통해 하나님을 아는 지식에 이를 수 있다는 사실은 부인할 수 없을 것이다.

장애신학을 다루는 학자들은 하나님과 그의 자녀들과의 영적 관계는 교회가 지적장애인들을 받아들이는 사랑의 관계성을 통해 나타난다고 설명한다.[11] 따라서 교회는 장애인들을 교회 안으로 들어오지 못하도록 가로막는 모든 물리적 또는 사회적 장애를 제거해야한다고 주장한다. 결국 지적장애인들의 구원문제를 말할 때, 교회가 얼마나 하나님의 사랑으로 그들을 품어 교회 안에 통합시키는가하는 문제로 바꾸어 물어야 한다는 것이다.

다시 말하자면 하나님을 아는 지식은 하나님이 교회에 주신 선물로서 신앙공동체 안에서 서로가 공유해야 할 특권이다. 따라서 지적장애인의 장애가 구원의 장애가 아니라 교회가 지적장애인을 품지 못하는 것이 지적장애인의 구원문제에서 장애가 된다는 의미다.

지적장애인이나 정신장애인의 삶의 가치는 무엇인가? 이들에게도 과연 구원의 은혜가 필요한가? 라는 이런 질문에 대한 답은 교회 공동체 안에서 그들과 함께 삶을 나눌 때에만 확인할 수 있고 대답할 수 있다. 그런 삶의 나눔을 통해서 하나님의 은혜를 체험할 수 있고 지적장애인들이 교회 안에서 차지하는 놀라운 위치를 확인하게 된다.

따라서 지적장애인의 구원 문제는 지적장애인 개인의 문제가 아니라 교회 공동체의 문제이다.[12] 교회의 모든 성도가 하나님의 지식과 사랑을 서로에게 나타내 보이도록 부름을 받았는데, 이것은 지적장애인에게도 동일하게 적용된다. 결국 교회는 하나님을 아는 지식이 구체적으로 나타나는 장소이며, 서로간의 사랑의 관계를 통해 하나님의 지식을 서로 쌓아가면서 공유하는 공동체다.

상호의존적 관계를 통하여

여기서 "상호의존적 관계"란 약함 때문에 강함에 의지해야 하는 그런 의존적 관계를 말하는 것이 아니다. 인간은 본질적으로 상호의존적 존재다. 하나님 자신이 삼위로 계신다. 삼위가 독립적이고 독특한 역할을 하지만, 도무지 서로를 갈라놓고는 따로 존재할 수 없다.

하나님도 당신의 속성을 따라 자신의 백성을 의존적으로 만드셨다. 첫째는 하나님께 의존하게 만드셨고 또 인간 상호간에 의존하게 만드셨다. 더 나아가 자연만물에 의존하게 만드셨다. 그러므로 의존한다는 것은 약함과 강함을 나타내는 관계가 아니다.

하나님나라에서 장애인이라는 존재도 마찬가지이다. 그들은 약함 때문에 상황적으로 다른 사람들에게 의존적일 수밖에 없지만, 그 관계가 꼭 일방적 의존관계를 말하는 게 아니다. 장애인에게 도움을 주는 도우미 역시 장애인에게 특별한 도움을 받는 존재가 될 수 있다. 따라서 수혜자와 시혜자로 구분되는 특수교육학적 또는 사회복지학적 논리로 그 관계를 추정하는 우를 범해서는 안 된다.

이처럼 상호의존 한다거나 자신의 한계를 절감한다는 것이 극복해야할 문제가 아니라 하나님을 새롭게 만나는 방법이 된다는 점에서 공동체의 본질적 가치를 재확인할 수 있다.

여기서 한 가지 덧붙일 것은 교회에서의 상호의존적 관계를 메시아 공동체라는 차원으로 이해해야 한다는 점이다. 왜냐하면 교회가 종말론적 공동체이기 때문이며, 그 속에 장애인들이 반드시 존재해야 하기 때문이다. 종말론적 공동체의 '지금'은 하나님나라의 '아직 아니'의 거울이다. 즉 회복된 장애인이 거하는 곳이 "아직 아니"의 하나님나라라면 "지금"의 하나님나라에도 장애인은 반드시 포함되어야 한다.

따라서 교회 공동체에서 사랑의 실습은 단지 휴머니즘의 관점에서 행하는 것이 아니라 메시아 공동체의 본질적 교제이자 거룩한 연합을 말한다.

장 바니에Jean Vanier는 장애인과의 진정한 교제-솔직함과 용서, 변화에 대한 용기를 포함-가 있을 때 서로가 영향을 주고받을 수 있으며, 그렇게 될 때에 하나님을 아는 지식이 자리 잡을 수 있다고 주장하면서, 하나님을 아는 지식이 비단 지적장애인에게만 아니라 그와 함께 하는 비장애인에게도 부여된다는 점을 강조하

였다.13)

일부 해방신학자들의 주장은 마치 교회의 교제 자체가 하나님을 아는 지식과 동일한 가치를 지니는 것처럼 오도하는 경향이 있다. 하지만, 이 상호의존적 관계의 이해를 그리스도 중심으로 초점을 맞출 때 그런 탈선을 바로잡을 수 있다. 즉 예수 그리스도가 하나님께 의존하신 것처럼 교회의 교제도 예수 그리스도께 의존하여야 한다는 점을 항상 염두에 두어야 할 것이다. 그렇게 될 때 사람들의 교제가 아닌 예수 그리스도를 통하여 하나님을 아는 지식을 얻게 된다. 이렇게 예수 그리스도가 공동체의 중심에 위치할 때 비로소 이런 상호의존적 관계를 가능케 한다.

따라서 그리스도 안에서의 교제는 언약공동체에서는 매우 중요한 본질적 일이다. 삼위가 동등하지만 독특하고, 독립적이면서도 서로 의존적이듯이 공동체에서 서로의 관계도 그런 속성을 반영하여 서로 우월감이나 종속의 개념으로 대해서는 안 될 것이다. 이런 관계가 바로 공동체에서의 신비한 여행이라고 말할 수 있다.

이 상호의존적 관계라는 측면에서 지적장애인이 차지하는 역할 중 가장 놀라운 사실은 그들의 장애 때문에 다른 사람에게 의존할 수밖에 없는 자연스러운 모습을 보여줌으로써 인간은 상호의존적 존재일 수밖에 없다는 사실을 각인시켜준다는 점이다. 그리고 그런 도움의 요청이 마음의 문을 닫고 있었던 사람들로 하여금 기꺼이 마음의 문을 열게 만들뿐만 아니라 서로에게 공동체 의식을 심어주고 발전시켜 나가는 동인이 된다는 점에서 지적 장애인의 공동체 안에서의 공헌은 매우 크다고 할 것이다. 결국은 서로의 깊은 교제를 통해서 서로가 서로에게 의존하는 상호의존적 관계로 발전해 나가게 된다. 헨리 나우웬도 자신이 돌보던 아담이라는 지적장애인에게 자신이 얼마나 의존적이었던가를 고백한 일이 있다. 아담을 통해 예수 그리스도의 죽음과 부활을 다시 체험했기 때문이다.

이것이 하나님나라 공동체의 본질적 모습이다. 하나님나라 공동체는 신분, 나이, 인종, 신체조건에 의해 구별되는 것이 아니라 오히려 그런 조건들이 나란히 동등하게 자리 잡을 때 비로소 천국의 고유한 윤리가 되는 것이다. 따라서 이런 상호의존적 관계라는 것도 추상적 개념이 아니라 실천적 개념이다.

이제 이런 관점에서 교회들에게 실제적 지침을 하나 준다면 섬김에서 시혜자 또는 봉사자라는 개념을 탈피해야 한다는 점이다. 그리고 교회에서의 장애사역 또는 복지사역이 이제는 언약 공동체의 식구라는 개념으로 대체되어야 한다는 점을 강조하고 싶다.

즉 교회의 장애인들이 교회나 회중이 돌보아야할 부담이 아니라 그들의 존재자체가 언약공동체의 표지인 축복의 개념으로 보아야 한다. 지체간의 사랑은 부담이 아니라 사랑의 나눔이다. 진정한 그리스도의 사랑으로 섬길 때 사랑을 받는 지적장애인들도 예기치 않은 그리스도의 사랑으로 보답하게 된다. 대부분 지적장애인을 섬기는 사람은 의식적 사랑으로 대하기 때문에 계산적일 때가 많지만, 지적장애인은 계산적이지 않은 순수한 사랑으로 되돌려준다. 그들의 그런 사랑은 공동체의 큰 자산이 된다.

그리스도의 사랑의 성취는 남을 돌아볼 때 이루어진다. 이것은 기독교 사랑의 패러독스이다. 세상에서는 자신을 위해 일할 때 자신의 기쁨이 넘치지만, 하나님나라에서는 남을 위해 일할 때 자신의 기쁨이 넘치는 법이다.

> "각각 자기 일을 돌볼뿐더러 또한 각각 다른 사람들의 일을 돌보아 나의
> 기쁨을 충만하게 하라" 빌2:4

결국 이 말씀의 요지는 언약 공동체에서는 서로가 서로에게 유익하다는 것과 돌봄을 당하는 것은 약하고 슬픈 것이고 돌보는 것은 강하고 베푸는 것이 아니라, 오히려 보살핌 안에 있는 자도 보살피는 자로 하여금 천국을 맛보게 하고 성령 안에서 그들을 자라게 하는 동인이 된다는 것을 말한다.

성령 하나님의 독특한 사역을 통하여

성령 하나님은 성자 예수님의 구원사역을 인간들에게 밝혀주는 역할을 한다. 그런데 성령 하나님이 꼭 지적으로만 일하시는 분이 아니라 인격적으로 사역하시므로, 지적장애인에게 예수 그

리스도를 알게 하는 사역 역시 꼭 지적으로만 하시지는 않는다. 예수 그리스도의 구속 사역이 신비하듯이 성령의 사역 역시 신비하다. 신비한 부분을 빼고 논리적인 면으로만 구원을 논하는 것은 사실상 불가능할 뿐 아니라 무의미하다.

하나님을 아는 지식은 언제나 삼위일체적 시각으로 보아야만 균형 잡힌 감각을 유지할 수 있다. 하나님을 아는 지식은 성부 하나님이 주시는 지식이기에 사람의 능력으로 얻을 수 없다. 하나님을 아는 지식은 그리스도를 통해 주시기 때문에 추상적이지 않고 구체적이다. 또한 하나님을 아는 지식은 성령을 통해 알게 하시기 때문에 학습으로 가능한 것이 아니라 개인적이고 인격적인 만남으로 가능하다. 따라서 지적장애인이 하나님을 아는 과정도 비장애인이 하나님을 아는 과정과 조금도 다를 바가 없다.

하나님을 아는 지식에 대하여 말하기를 성부 하나님이 계시하셨고, 성자 하나님이 구체화하셨고, 성령 하나님이 깨닫게 하신다고 한다. 그렇다면 지적장애인도 마찬가지로 하나님을 아는 지식에 대해서 동일하게 말할 수 있다. 성부 하나님이 계획하셨고, 성자 하나님이 그들을 위해 죽으셨고, 성령 하나님이 깨닫게 하신다. 이런 삼위의 구원계획이 사람의 지적능력이나 표현 능력, 신체조건에 따라 달라지는 게 아니다.

예배와 성례전을 통하여

예배를 통해서 하나님을 아는 지식을 얻는다는데 이의를 달 사람은 없을 것이다. 그래서 지적장애인들도 예배에 참여함으로 하나님을 아는 지식을 얻을 수 있다. 그런데 예배는 종합예술이다. 예배에는 지적요소뿐만 아니라 인간의 모든 요소가 다 포함된다. 그리고 성령의 신비한 요소까지 포함된다. 따라서 하나님을 아는 지식은 어느 한 요소를 통해서만 획득되는 것이 아니다. 예배를 통하여 하나님의 임재하심을 느끼고 또 인격적으로 만난다. 하나님의 임재하심을 체험하는 일에는 오히려 인간의 지적 능력이 방해가 될 때가 많다. 오늘날 문제는 예배에서 지나치게 설교를 강조한 나머지 설교를 이해하지 못하면 곧 예배를 드리지 못하는 것으로 치부하는 경향이다. 예배는 이해가 아니라 부르심에의 초대이다. 예수 그리스도의 부활 공동체의 축제현장이다. 설교는 예배의 한 부분일 뿐이다. 설교를 충분히 이해하지 못했다고 해서 예배에 동참하지 못했다고 말할 수 없다. 따라서 지적장애인들의 설교를 알아듣는 지적능력을 이유로 예배에 참여하는 것을 거부하거나 또는 지적장애인들끼리의 예배로 한정하는 것은 예배의 본정신을 위배한다.

성례전을 통한 하나님을 아는 지식에 대해서는 이 책의 두 번째 파트인 성례전 부분에서 자세히 논의하였다.

결론

구원론은 기독론과 떼려야 뗄 수 없는 관계다. 예수 그리스도를 떼어놓고 구원을 말할 수 없기 때문이다. 동시에 기독론은 또 교회론과 뗄 수 없는 관계다. 왜냐하면 그리스도가 교회의 머리이고 그리스도는 철저히 그의 자녀들을 위해 죽으셨기 때문이다. 따라서 그리스도는 철저히 그의 자녀중심이다. 그리스도는 그의 백성 중심으로 살도록 부르심 받았고 그의 자녀들은 그리스도 중심적인 삶을 살도록 선택받았다.

그리스도가 지적장애인을 유기하지 않았다면 언약의 공동체도 지적장애인을 배제할 수 없다. 또 그리스도가 철저히 그의 자녀들을 위해 살았다면 그의 자녀들도 공동체 안에서 서로를 위해서 부름 받았다는 사실을 명심해야 할 것이다.

십자가는 예수 그리스도의 사랑의 정점이다. 십자가는 하나님이 사랑을 집행한 장소이다. 또 십자가는 그리스도의 영 즉 성령이 사랑으로 현현한 장소이다. 이처럼 십자가는 사랑의 정점이다. 굳이 고통과 사망의 심볼인 십자가를 통해 사랑의 정점을 이루셨다는 사실은 장애인에게 많은 위로를 준다. 고통과 상처가 결코 구원에 방해요인이 아니라 오히려 구원의 흔적이요 훈장임을 말해주기 때문이다.

예수 그리스도께서 부활 후에도 굳이 십자가의 흔적—상처자국—을 지니셨다는 사실은 장애인들에게 너무도 큰 감격을 준다.

부활 영광체에서 굳이 상처를 제거할 필요가 없다는 사실. 이것은 상처에 대한 혁명적 깨달음을 준다. 이전엔 상처가 고통의 상징이 었다면 부활 후에는 영광의 상처라는 점을 시사해 준다. 상처가 그리스도 안에서는 자랑이 될 수 있다는 것이다. 상처 그 자체를 굳이 없애지 않아도 치유가 된다는 점을 말해준다. 우리의 상처는 결코 수치가 아니다. 상처 때문에 수치스럽게 산다면 그것이 바로 수치다. 상처는 없애야 할 대상이 아니라 그것을 통해 변화산 경험을 해야 할 과제다.

지적장애인의 구원 문제를 말하면서 언약공동체의 역할을 강조하였다.

교회의 역할을 "doing"으로 볼 때 문제가 생긴다. 교회가 물론 "doing"을 한다. 그러나 교회의 본질을 규정하는 정의는 아니다. 교회는 "being"이다. 하나님의 자녀들의 집합체이다. 교회는 사역공동체가 아니다. 식탁공동체이다. 성례 가정이 사역공동체가 아닌 것처럼.

그런데 "being"이 "doing"을 하는 데 문제가 있을 때 서로 돕는 상호의존적 존재가 되라는 뜻이다. 즉 이 "being"은 장애인을 포함하는 하나님나라의 현재성을 말한다. 장애인이 포함된 "지금" 하나님나라가 결코 "손상"되거나 "불완전한" 나라를 의미하는 것이 아니다.

끝으로 인식론적 고민을 추가해야 하겠다. 지식과 경험을 굳이 칼같이 나누려는 데서 문제가 생긴다. 지적장애인들의 지적 능력을 어떻게 우리가 인식할 수 있을까? 또는 지적장애인들의 경험을 어떻게 지식으로 간주할 수 있을까? 하는 논의는 이원론적 사고의 우를 범하는 일이다. 지식이 경험을 제공할 수도 있고 경험이 지식을 확인할 수도 있다. 둘은 상호보완적이기도 하고 또 독립적이기도 하다.

칸트의 인식론적 사고방식이 신학에 많은 영향을 주었다는 사실은 부인할 수 없다. 따라서 칸트 이후 계몽주의 아래서 하나님을 아는 지식에 "인식"이 강조되어 왔다. 그런데 칸트는 하나님을 아는 지식이 선험적 지식, 즉 경험과 감각에서 비롯된다고 강조했다. 칸트에 따르면 지식은 경험에 의해서 주어진 것과 선험적 형식들로 구성된다. 지식을 얻기 위한 경험을 강조했다는 점은 당시 매우 혁명적 생각이었으나, 그의 선험적 지식 이론은 오히려 그를 어쩔 수 없이 불가지론으로 빠지게 했으니 정말 아이러니다.

결국 이런 인식론적 사고 체계로는 지적장애인의 구원을 확신할 수 없다는 결론에 다다를 수밖에 없기 때문에 우리는 인식론적 논의를 받아들일 수 없다.

슐라이마허는 "진정한 종교는 느끼고 맛보는 것"이라며 종교를 논리적으로 말하는 데 반대한다.14) 슐라이마허도 칸트처럼 하나님을 아는 지식이 체험을 통한다고 설명하였다. 그러나 칸트와는 달리 "우리의 경험적 지식은 우리가 완전히 하나님께 의존할 때

경험하는 그 경험일 때에 한해서 유효하다"는 안전핀을 마련했다.15)

결국 하나님의 지식은 성령에 의해 우리가 경험할 때만 진정한 하나님을 아는 지식이 될 수 있다.16)

따라서 우리가 일부 해방신학자들처럼 인간의 체험과 경험을 너무 강조하다보면 하나님의 주권과 그리스도의 독특한 구속사역 그리고 성령의 신비한 역사를 무시하는 결과를 낳는다.

더욱이 이런 생각은 하나님의 구원역사가 인간의 반응에 상대적이라는 결론을 도출하게 된다는 점에서 매우 위험한 생각이다. 동시에 공동체의 경험을 모두 계시와 연결시키는 우를 범하게 된다.

그러나 또 일부 복음주의 서클에서 나타나는 현상처럼 너무 교의적인 해석에만 치중하여 공동체 안에서 경험하는 그리스도의 구속의 은혜를 간과하는 우를 범해서도 안 된다.

자, 지금까지 하나님을 아는 지식과 연계하여 논의된 지적장애인의 구원문제에 대해서 생각을 정리해 보자.

첫째, 예수 그리스도는 모든 사람을 위해 죽으셨기 때문에 모든 사람이 구원의 대상이다. 따라서 모든 사람 안에 당연히 지적장애인이 포함된다. 지적장애인도 하나님의 구원계획과 예정 안에 있다. 이 구원은 당연히 예수 그리스도를 통해서만 이루어진다. 예수 그리스도는 하나님의 구원을 위해 친히 오신 하나님의 계시 자체이시므로, 예수 그리스도의 사랑을 입은 자들은 모두 구원의 초청을 받았다고 볼 수 있다. 따라서 예수 그리스도께서 공생애 때 품으신 소위 소외된 자들은 예수님께서 선포하신 구원의 새 시대의 패러다임이라고 말할 수 있다. 그러므로 이런 새 시대의 구원의 패러다임에 따라 지적장애인도 당연히 그의 구원의 은혜를 입는다고 말할 수밖에 없다.

예수 그리스도의 사역을 밝히시는 분은 성령 하나님이시므로 성령께서는 지적장애인에게도 예수 그리스도를 알게 하시는 분이시다. 이런 신비한 역사는 가히 논리적 이해를 넘어서는 영역이다.

둘째로, 교회의 역할 또한 매우 중요하다. '이미'로 시작된 하나님나라를 '아직 아니'인 하나님나라의 원형으로 본다면 교회에서의 예배와 거룩한 교제, 성례전은 '아직 아니'인 하나님나라를 경험하는 좋은 통로가 된다. 이 점은 신학적 배경을 달리하는 어떤 부류에서도 동의하는 점이다.

따라서 지적장애인들을 하나님나라의 한 식구로 인정할 때, 그들과 삶을 나누는 상호의존적 경험을 통해 서로가 하나님을 아는 지식으로 나아갈 수 있다. 물론 여기서도 강조되어야 할 점은 교회의 교제가 그리스도 중심이어야 하고 그런 교제마저 성령께서 이끄실 때라는 단서가 붙을 때이다.

결론적으로 말한다면 하나님을 아는 지식은 어느 한 방법으로 되는 것이 아니다. 그러나 지금까지 이런 다각적 접근이 부족했고 신학이 일방적으로 비장애인에 의해서 전개되어 왔기 때문에 장애인에 대한 편견을 가진 문화와 시대적 상황을 그대로 반영한 채 신학을 전개해 왔다는 점이 문제다.

이제 전통적 구원론 인식과 그로 말미암은 교회의 습관에 의해 교회에서 배제된 지적장애인의 위치를 예수 그리스도의 생각처럼 제자리로 되돌려 놓아야 한다.

다시 한 번 강조한다면, 하나님은 그의 구원의 은혜를 예수 그리스도를 통해서만 주시지만, 예수 그리스도를 알게 하시는 성령 하나님의 방법은 다양하다.

3. 지적장애인의 구원 그 신학적 돌파구

구원 하나님의 선물

결국 지적 장애인의 구원 문제는 하나님이 어떻게 계획하셨는가로 귀결된다. 하나님께서 일반인과는 별도로 지적장애인에 대한 구원계획을 따로 하신 것이 아니라면 일반적 구원론과 연계해서 설명하는 것이 바람직할 것이다. 일반적으로 구원론을 설명할 때 구원의 서정ordo salutus을 통해 하나님의 구원계획을 설명한다.

그러나 구원의 서정을 이해하는 방식은 교파에 따라 다르며, 이를 이해하는 방식에 따라 하나님의 구원계획을 다르게 이해하기 때문에 지적장애인의 구원문제 역시 구원의 서정의 이해에 따라 달라진다고 볼 수 있다.

루이스 벌코프는 "구원의 서정이란 그리스도 안에서 행해진 구원의 사역이 죄인들의 심령과 삶에 주관적으로 실현되는 과정을 서술하는 용어"로 본다. 따라서 그 목적은 "구속 사역의 적용에서 성령의 다양한 활동을 논리적 순서로 또한 이들 상호연관 아래 서술하는 것"으로 본다.[17] 즉 다시 말하자면 "성령께서 구원의 역사를 사람의 마음과 생활에 행하시는 바 그 순서에 대한 것"[18]이라고 할 수 있다.

여기서 구원의 서정에 관한 신학적 논의는 생략한다. 그 이유는 어떤 노선을 취하든 간에 구원은 하나님께로부터 시작되었다는 사실 자체를 부인하지는 않기 때문이다.

우선 구원의 서정에 속한 요소들을 보자. 어떤 노선을 택하든 반드시 들어가는 요소들을 보면 소명부르심, 중생회심, 칭의, 성화, 영화가 있다. 이들 모든 요소는 하나님이 시작하시지 않으면 불가능한 요소들이다. 따라서 강조점을 하나님의 선택에 두든지 또는 인간의 반응에 두든지 간에 구원은 전적으로 하나님께로부터 나온다는 사실만을 기초로 해도 지적장애인들의 구원문제를 푸는데 전혀 부족함이 없다.

구원의 서정에 관하여 극도로 민감한 반응으로 서로 대치하는 칼빈주의와 알미니안주의적 이해, 또는 개혁파와 비개혁파의 이해로 나누어 구원을 논의하다보면 하나님이 어느 한편을 들어야 한다는 강박관념에 빠지게 된다. 그러나 두 노선 모두가 가지는 약점은 하나님의 속성을 공식화하려는 데 있다. 하나님의 속성이나 하나님의 구원계획을 사람들은 쉽게 수학 방정식 같은 공식으로 만들고 싶어 하지만, 결코 그렇게 만들 수 없다. 어느 한쪽의 주장만으로는 결코 하나님의 구원문제를 총체적으로 설명할 수 없기 때문이다. 따라서 자신이 서있는 신학적 노선만으로 구원을 이해할 때 큰 오해가 생긴다.

구원의 서정에 대한 칼빈주의적 해석은 인간의 선택을 무시하는 것 같아 보이고, 알미니안주의는 하나님의 절대적 주권이 훼손되는 것처럼 보인다.

그러나 두 노선 모두 하나님의 주권 또는 인간적 선택과 반응의 과정을 완전히 무시하지는 않는다. 그렇다면 인간적 선택과 반응을 아예 할 수 없는 중증 지적장애인은 기존의 전통적 구원의 서정적 이해로는 구원을 보장받을 수 없어 보인다. 전통적 신학의 한계라고 말해야 할 것 같다. 구원의 서정론은 일반법칙일수는 있어도 절대법칙은 될 수 없다. 구원은 전적으로 하나님께 속한 신비이기 때문이다. 어느 공식으로도 풀리지 않는 부분이 있다는 뜻이다.

그러기에 구원의 문제에서 빠짐없이 등장하는 메뉴가 영아의 구원문제이다. 결국 영아의 구원에 대한 답으로는 하나님의 신비에 속하는 문제라는 데 동의를 하고 논의에 종지부를 찍는다. 그렇다면 지적장애인의 구원에 대해서도 하나님의 신비에 속한다고 하는 것이 좋겠다. 구원은 신비한 하나님의 영역이라는 점을 결코 가볍게 여겨서는 안 된다. 따라서 지적장애인의 구원문제에 대해서는 더욱 신비한 하나님의 영역으로 남겨두는 편이 솔직한 태도가 될 것이다.

그런데 문제는 하나님의 신비한 영역에 속했다고 하면서 교회가 전혀 지적장애인에 대한 배려를 하지 않는다는 데 있다. 하나님의 신비한 영역에 속한다면서 구원을 확신할 수 없기 때문에 그들에게 세례를 베풀 수 없다는 논리는 성립되지 않는다.

하나님께서 장애인과 비장애인의 구원 방법을 따로 정하셨거나 장애인과 비장애인의 구원비율을 다르게 정하셨다면 구원문제를 따로 다루어야 하겠지만, 성경 어느 곳에도 장애를 이유로 구원에 차별을 둔다는 암시가 없다. 그렇다면 일반인들의 구원을 다루는 것과 똑같이 지적장애인의 구원을 다루어야 한다.

장애를 이유로 그들의 구원을 확신할 수 없고, 또 증명할 수 없기 때문에 세례를 베풀지 못한다고 주장 한다면 세례문답을 하고 세례를 받은 사람들은 모두 구원을 장담한다는 말인가?

우리는 사람들의 구원을 확신하는 방법을 지나치게 강조함으로써 사람이 하나님의 자리를 대신하는 우를 범한다. 특별히 하나님의 주권을 강조하며 구원에 인간적인 선택은 결코 있을 수 없다고 강력히 주장하면서도, 구원을 증명하는 데는 지극히 인간적인 방법을 쓰는 이중적 태도를 보이는 게 오늘날 교회의 현실이다. 즉 입의 고백을 통한 구원의 확신을 들어야만 교회는 구원을 선포한다. 그리고 지적장애인들은 구원을 확인할 방법이 없다면서 세례 베풀기를 주저한다. 구원이 전적으로 하나님께 속한 것이라면 자신의 구원을 입으로 고백한 사람들 가운데도 구원의 반열에 들지 않은 사람들이 있을 수 있으며, 중증지적장애인처럼 자신의 입으로는 구원의 확신을 말할 수는 없어도 하나님의 구원의 반열에 들어 있는 사람이 있을 것이다. 하나님께서 결코 구원의 쿼터를 장애인과 비장애인으로 따로 정하시지는 않았을 것이다. 그렇다면 지적장애인들에게 세례를 베푸는 것을 주저할 아무런 이유가 없지 않은가!

지적 장애인의 세례문제에 대해서는 후반부에서 다루기로 한다.

예정과 지적장애인의 구원

예정론을 주장하는 측에게 묻는다.

예정된 사람들 가운데 지적장애인은 배제되는가?

만일 그렇다면 예정론 이전에 하나님의 속성에 위배된다. 하나님의 사랑이 육체적 조건에 따라 달라지니까 말이다. 하나님의 구원이 신체적 조건에 따라 달라지고 하나님의 심판이 사람의 지적 능력에 달린 것처럼 보인다. 아니면 장애인은 죄에 의해 저주를 받은 자로서 영원한 심판에 이르는 자들이라는 결론에 이른다.

성경 어느 곳을 보아도 하나님의 예정이나 심판이 사람의 어떤 신체적 정신적 조건에 의해 달라진다는 근거를 찾을 수 없다.

따라서 예정 속에 지적장애인이 포함된다는 사실은 너무도 당연하다. 그렇다면, 지적장애인들에게 하나님을 아는 지식을 부여했다는 사실도 명백해진다. 물론 지적인 능력이 아닌 그 어떤 다른 방법을 통해서라도 말이다.

그렇기 때문에 예정론은 장애인이나 비장애인에게 똑같이 공평하다고 말할 수 있다. 오히려 예정론이 지적장애인들에게는 더 큰 위로와 은혜가 될 수 있다. 왜냐하면 구원은 전적으로 하나님의 선물이기 때문이다. 지적능력이나 신체적 조건에 따라 결정되는 것이 아니라 전적으로 하나님의 은혜로 되기 때문이다.

덧붙여 생각할 것이 있다. 지적장애인, 특히 중증이어서 그 속에 지적 능력이나 판단력이 전무하면, 사람들은 흔히 죄성이 없는 천사로 보는 때가 있다. 따라서 구원이 보장된 존재라고 믿는다. 장애인을 위로하는 차원에서 그런 말을 하는 것이겠지만, 지적장애인이라고 해서 죄가 없는 것도 아니고 구원의 절차를 건너뛰는 것도 아니라는 사실을 함께 지적해야 하겠다.

모든 사람이 죄인이다. 선행으로 구원을 받는 것이 아니다. 장애인도 죄인이다. 스스로는 하나님께 나아갈 수 없다. 지적장애가 있어서 스스로는 하나님께 나아갈 수 없다는 말이 아니다. 모든 사람은 죄 때문에 스스로 하나님께 나아갈 수 없다. 그렇다면 본질적으로 장애인이나 비장애인이나 죄인이라는 측면에서는 똑같은 장애인 신분이다. 똑같이 구원의 대상이다. 그리고 똑같이 그리스도의 은혜의 대상이다.

결국 그리스도의 은혜가 구원에서 최고의 덕목이며 궁극적 강조점이 되어야 한다. 그리스도의 은혜에는 차별이 없다.

"누가 우리를 그리스도의 사랑에서 끊으리요 환난이나 곤고나 박해나 기근이나 적신이나 위험이나 칼이랴"롬8:35

이 말씀을 풀이한다면 환난과 고난이나 박해로 칼을 맞아 장애를 입는다할지라도 그리스도의 사랑에서 끊어질 수 없다는 것이다. 핍박을 받아 지적장애인이 된다 할지라도 구원에서 배제되지 않는다는 뜻이다.

지금까지 논의를 정리한다면, 하나님의 전적인 구원 계획은 지적장애인을 차별하지 않는다.

따라서 장애인과 비장애인의 구원론이 절대로 따로 존재하지 않는다.

지적장애인의 구원을 영아사망과 같은 논리로 해석하여 하나님의 전적인 구원에 의지한다고 설명할 수도 있지만, 속 시원한 해석은 아니다. 왠지 확실성 없는 대답 같기 때문이다. 지적 장애인의 구원은 확실성에 기반을 둔다.

소위 말하는 "구원의 확신"을 강조함으로써 빚어내는 오류도 만만치 않다.

구원은 전적으로 하나님의 선물이다. 장애라는 이유로 선물 수여 명단에서 제외되지 않는다.

구원에 관한한 장애인이 비장애인과 비교하여 전혀 차별될 것이 없다는 점에서 공평하다고 말할 수 있다. 만일 인간의 노력의 포인트가 조금이라도 들어간다면 장애인 특히 지적장애인의 구원은 애초부터 불공정게임이 되고 말 것이기 때문이다. 구원 그것은 누구에게나 공정한 게임이다.

믿음과 지적장애인의 구원

지금까지 살펴본 대로 하나님께서 지적장애인에 대해서도 구원의 계획을 가지고 계신다면 지적장애인 개개인이 어떻게 하나님을 아바 아버지로 받아들일 수 있을까? 즉 믿음이 없이는 하나님을 기쁘시게 할 수 없다고 했으니, 지적장애인의 구원에도 믿음의 요소는 반드시 필요하다. 그렇다면 지적장애인의 믿음을 어떻게 확인할 수 있을까?

믿음은 계시에 대한 사람들의 반응이다. 그렇다면 믿음에 지적인 요소가 반드시 필요한 것일까? 믿음의 증거를 보여 달라고 할 때 흔히 신앙고백이라는 걸 요구한다. 이런 절차에 따르면 지적장애인의 믿음을 증거 할 방법이 없다.

여기서 중요한 것은 믿음의 증거는 본질적으로 외적이거나 현상적 요소가 아니라는 점이다. 오히려 믿음의 증거는 하나님이 거하시는 내적증거이다. 믿음은 받아들이는 사람의 액션이 아니라 하나님이 찾아오시는 표지이다. 따라서 믿음조차 인간의 노력으로 되는 것이 아니기 때문에 믿음의 증거 역시 사람이 보여줄 수 있는 게 아니다. 믿음의 증거는 차라리 성령의 열매로 나타나야 한다고 성경이 강조하는 이유가 바로 여기에 있다. 그렇다면 성령의 열매는 무엇인가? 지적장애인이 세상적인 능력은 뒤떨어질지 모르나 성령의 열매에서는 보통 사람보다 더욱 더 특출한 때를 많이 본다.

성경에서 말하는 성령의 열매를 보자.

"오직 성령의 열매는 사랑과 희락과 화평과 오래 참음과 자비와 양선과 충성과 온유와 절제니 이 같은 것을 금지할 법이 없느니라"갈5:22-23

지적장애인들이 자비심이라든가 충성심은 보통사람보다 일반적으로 탁월하다. 게다가 희락과 화평에서는 타인의 추종을 불허한다. 나의 다운증후군 딸 조이는 하루 종일 마냥 기쁘다. 기뻐할 어떤 조건 때문에 기뻐하는 게 아니다. 그저 삶이 즐겁다. 그러다가도 주위에서 조그만 다툼이 있어도 눈물을 흘린다.

조이는 이 세상을 사는 기준에서는 많이 빠져있어도, 하나님나라를 사는 덕목에서는 그 누구와 견주어도 빠지지 않는다. 물론 조이는 이런 자신의 성품을 성령의 열매라고 스스로 말하지는 못한다. 자신의 성품을 자신의 말로 규정하지 못한다고 해서 성령의 열매가 아니라고 말할 수는 없다. 마치 자신이 소유한 물건의 이름을 모른다고 해서 그 물건의 소유권을 박탈당하는 것이 아닌 것처럼.

조이는 하루 종일 찬송을 불러도 싫증을 내지 않는다. 아픈 사람이 있으면 그를 위해 밥 먹을 때마다 기도한다. 그러나 15살이 된 지금도 신앙고백이라는 게 무엇인지 모른다. 구원의 확신이 있는가 하고 물어도 답을 하지 못한다. 그렇다고 조이의 구원을 확인 또는 확신할 수 없다고 말해야 할까?

하나님을 아는 지식의 증거가 성령의 내주하심이라면, 성령의 내주하심은 오히려 지적표현으로는 불가능한 것 아닌가. 그러므로 믿음이 있는 사람이라고 말할 때 우리는 그의 육성의 고백에 의지하는 것보다 성령께서 내주하시는가를 살피는 게 더 바람직하다. 그것이 바로 믿음의 법칙이다.

보통 사람들이 처음 믿음이 생겼을 때 도무지 자신이 믿어지지 않는다고 말한다. 그토록 믿고 싶었으나 믿어지지 않았는데 믿음이 찾아왔다고 말한다. 그렇다. 믿음은 이성적인 노력의 결과가 아니다. 자신이 지적으로 획득한 지식이 아니다. 오히려 지적능력으로는 도무지 믿어지지 않는 세계가 믿음이다. 이처럼 믿음 자체가 신비이듯 지적장애인에게도 믿음이 신비하게 찾아온다. 그들이 보통사람처럼 표현하지 못하기 때문에 그들의 믿음을 알 수 없다고 한다면, 그건 믿음의 법칙을 위배하는 생각이다.

"마음으로 믿어 의에 이르고 입으로

시인하여 구원에 이른다"롬10:10의 문제

많은 사람이 구원을 말할 때 입으로 시인하는 절차가 반드시 있어야 한다고 주장한다. 로마서 10장 10절을 구원의 절차로 해석하는 것이다. 그런 식으로 받아들이면 지적장애인들에게는 참담한 말씀이 될 것이다. 입으로 시인할 능력이 없기 때문이다.

입으로 시인한다는 것은 무슨 뜻일까?

이 구절은 결코 구원의 순서를 말하지 않는다. 마음으로 믿으면 의가 되고 그 후에 입으로 시인하는 단계를 거쳐야 한다는 뜻이 아니다. 마음으로 믿는 단계가 입으로 고백하는 단계보다 앞선다는 뜻도 아니다.

우리는 믿는 순간 이미 의롭다 칭함을 받는다. 마음으로 믿던, 고백으로 시인하던 간에 믿는 순간 의롭다 칭함을 받는다.

진정한 믿음은 믿음의 표가 자연적으로 나타나는 법이다. 입으로 고백하게 된다. 찬양하게 된다. 기쁨이 저절로 나타난다. 그런 뜻에서 입의 열매를 말한 것이다. 본문의 포인트는 믿음과 행위가 따로 놀지 않는다는 뜻이다. 그런데 우리는 마치 본문을 믿음과 행위가 다르게 작용하는 것처럼 해석한다.

이처럼 본문에서 "입으로 시인"한다는 말이 꼭 언어적 고백을 말하는 게 아니다. 믿음의 자연스런 결과를 말하는 것이다. 그렇다면 지적장애인들도 믿음의 표가 나타난다. 그들에게도 믿음의 증표들이 있다. 그들도 믿음에 따른 열매가 있다.

오히려 지적장애인들은 자신들이 생각하는 것과 행동하는 것을 따로 분리하지 못하는 특성이 있다. 지적장애인들은 자신이 생각한 것을 행동에 옮기려고 일정한 간격을 두지 않는다. 오히려 믿음과 행위를 따로 두는 사람들은 지능적이고 위선적인 사람이다.

이 구절을 근거로 더 이상 지적장애인들을 세례문답에서 제외시켜서는 안 되겠다. 의외로 많은 교회와 목회자가 이 구절을 근거로 입으로 자신의 믿음을 시인하지 못하는 장애인들에게 세례와 성례를 베풀 수 없다는 완고한 태도를 고수하는 것을 볼 때 마음이 심히 아프다.

다시 한 번 재삼 강조하지만, 하나님의 구원은 결코 사람의 고백에 따라 달라지지 않는다.

오히려 주님은 입으로만 고백하는 자들의 거짓믿음을 꾸짖으신다.

"나더러 주여 주여 하는 자마다 천국에 다 들어갈 것이 아니요 다만 하늘에 계신 내 아버지의 뜻대로 행하는 자라야 들어가리라" 마7:21

"믿음은 들음에서 나며 들음은 하나님의 말씀에서 난다" 롬10:17의 문제

어떤 이들은 믿음은 들음에서 나기 때문에 듣지 못하는 농아인이나 들어도 이해하지 못하는 지적장애인들은 구원에 이르는 지식을 얻을 수 없다고 주장하기도 한다. 이 말씀 역시 믿음의 순서나 절차를 말한 것이 아니다. 듣는 행위를 강조한 구절이 아니다. 믿음은 행위가 아니다.

그렇다면 본분에서 듣는다는 뜻은 무엇을 의미할까? 갈라디아서 3장 2절을 보면 그 뜻을 알 수 있다.

"내가 너희에게서 다만 이것을 알려 하노니 너희가 성령을 받은 것이 율법의 행위로냐 혹은 듣고 믿음으로냐"

즉 바울은 성령을 받는 것이 율법이 아니라 믿음을 통해서만 가능하다고 강조했다. 그런데 믿음을 설명하면서 "듣고 믿음으로"라는 표현을 사용하였다. 바울은 십자가의 도를 아는 것은 결코 율법을 통해 알 수 있는 것이 아니다갈3:1고 강조하면서 믿음은 오로지 성령을 통해서만 가능하다고 한 것이다.3:2 그런데 왜 바울은 그 믿음을 강조하면서 들음을 강조했을까?

이때 듣는다는 것은 귀로 듣는 물리적인 소리를 통해 믿음이 생긴다는 뜻이 아니다. 믿음의 귀가 있는 자만이 하나님의 말씀을 들을 수 있다는 뜻이다.

성경에 자주 등장하는 "귀 있는 자는 들을지어다."라는 표현이 이를 증명해 준다. 이 탄식은 귀가 있으면서도 듣지 못하는 자에게 하시는 말이다. 그렇다면 귀가 있어도 하나님의 말씀을 듣지 못하는 자가 많다는 것이다. 결국 하나님의 말씀은 육신의 귀로 듣는 게 아니다 라는 뜻이다.

또 성경에 자주 등장하는 표현 "볼지어다"라는 표현도 육신의 눈으로 보라는 뜻이 아니다. 왜냐하면 눈이 있어도 보지 못하는 자들에게 하는 말이기 때문이다.

따라서 로마서 10장 17절에 들음에서 믿음이 생긴다는 말은 결코 육신의 귀를 지칭하는 게 아니다.

구원의 영광과 지적장애인

사람들은 이렇게 기도한다. "하나님, 건강하게 해 주셔서 하나님께 영광을 돌리게 하옵소서." 그렇다면 몸이 건강한 사람의 받는 영광의 분량과 장애인이 받을 영광의 분량이 다른 것일까?

"그뿐 아니라 더 약하게 보이는 몸의 지체가 도리어 요긴하고 우리가 몸의 덜 귀히 여기는 그것들을 더욱 귀한 것들로 입혀 주며 우리의 아름답지 못한 지체는 더욱 아름다운 것을 얻느니라. 그런즉 우리의 아름다운 지체는 그럴 필요가 없느니라. 오직 하나님이 몸을 고르게 하여 부족한 지체에게 귀중함을 더하사 몸 가운데서 분쟁이 없고 오직 여러 지체가 서로 같이 돌보게 하셨느니라. 만일 한 지체가 고통을 받으면 모든 지체가 함께 고통을 받고 한 지체가 영광을 얻으면 모든 지체가 함께 즐거워하느니라. 너희는 그리스도의 몸이요 지체의 각 부분이라"고전12:22-27

바울은 하나님의 자녀를 예수 그리스도의 지체로 설명하였다. 그런데 그 가운데 세상적 기준으로는 약하게 보이는 지체와 덜 귀히 여기는 지체와 아름답지 못한 지체가 있다고 인정을 했다. 그러나 이 구절은 역설적으로 하나님나라가 신체적 기준이나 어떤 지적 능력으로 판단되는 것이 아님을 암시한다.

그러면서도 그런 약한 지체들이 하나님 안에서는 모두 아름다운 것으로 덧입혀진다고 했다. 그러면서 공동체 안에서 서로가 서로를 돌볼 때, 이런 천국의 가치가 나타난다고 했다.

고린도전서 12장 24절의 '부족한 지체'가 무언가 모자라고 부족한 사람을 뜻하는 것이라면 신체적으로 손실이나 손상을 입은 사람이나, 기능적으로 장애를 입은 사람, 또는 정신적으로, 인지적 능력이 모자라는 사람까지 포함한다고 볼 수 있다. 하나님은 이런 사람들에게 귀중함을 더하사 영광을 얻게 하신다고 하셨다. 사람이 모자라는 부분을 다시 채워주신다고 하지 않으시고, 하나님의 귀중한 것으로 채우신다고 하셨다. 그러므로 신체의 조건을 이유로 구원도 차별하시지 않지만, 하나님께서 받으실 영광의 분량도 차별하시지 않으신다.

본문은 공동체 안에 주어지는 동일한 가치를 강조한다. 그 동일한 가치란 육체적 조건으로 측정하지 않고 하나님의 영광의 분량으로 말한다. 결국 하나님의 영광은 모든 지체에게 동일하게 나타난다는 것이다.

"책임질 나이"의 문제 Age of Accountability

침례교 신학의 "책임질 나이"를 신념으로 받아들이는 목회자나 교회들은 지적장애인들에게 성례전을 개방하는 데 큰 어려움이 없을 것이다. 지적장애인들은 육체적 나이가 기준이 아니라 지적 나이가 기준이니까. 필자는 "책임질 나이" 신학에 동의하는 것은 아니지만, 이 책의 집필 목적이 서로 다른 신학적 배경을 가진 교회들이 각자의 신학적 배경 아래서도 얼마든지 지적장애인들을 위한 성례전 개방이 가능하다는 점을 설득하기 위한 것이기 때문에 여기서는 "책임질 나이"에 대한 신학적 비평은 하지 않기로 한다.

미국 남침례교신학교 신앙의 근간인 "원칙 개요"Abstract of Principles를 보자. 원칙 개요 5항의 "인간의 타락" 조항에는 침례교의 기본 개념인 "책임질 나이"Age of a accountability라는 개념이 있는데, 보통 그 나이는 12살이고 교회마다 기준이 다르며 지금은 그 기준 연령이 점점 어려지고 있다. 이 "책임질 나이"의 근본개념은 책임질 나이가 되어야 자신의 신앙을 고백할 수 있는 책임성 있는 신자가 된다는 것이다. 그러나 반면에 그 이전의 나이에 죽은 사람에 대해서는 책임성 있는 고백을 듣지 못했기 때문에 구원의 유무를 사람이 판단할 수 없다는 것이다. 그렇다면 구원이 없다고 판단해야 할까? 아니면 구원이 있다고 해야 할까? 하는 고민 가운데 책임질 나이 이전에 사망한 사람에 대해서는 구원이 있다는 쪽으로 해석을 하고 목회의 방향을 정하라는 지침인 것이다.

장로교 쪽도 영아와 어린이 구원에 대한 이견이 존재한다. 장로교 쪽이 채택한 웨스트민스터신앙고백 중 어린이와 관련된 부분을 보자.

> 선택함을 받은 어린이들은 어려서 죽는다 하더라도 그가 기뻐하시는 때와 장소와 방법으로 역사하시는 성령을 통하여 그리스도에 의해 중생되고 구원된다. 이 원리는 말씀의 사역을 통하여 외적으로 부름을 받을 수 없는 모든 다른 택함 받은 사람들에게도 동일하게 작용한다.WCF 10.3

물론 이 고백은 선택함을 받은 어린이라고 한정하지만, 사람들의 편에서 보면 어려서 죽은 특정 어린이가 선택함을 받았는지 알 수가 없다. 그렇다면 일단 선택함을 받은 것으로 간주하는 편과 아니면 일단 선택받지 못한 것으로 간주하는 편 중 어느 쪽이 더 정당하다고 생각하는가? 아니 어떤 쪽이 목회적 차원에서 더 공정하다고 생각하는가?

선택받지 못한 자에게 구원을 선포하는 잘못을 저지르지 않도록 일찍 죽은 영아나 어린이들 전부에 대해 구원을 확신하지 못한다는 자세가 과연 아름다운 목회적 자세라고 생각하는가?

그러기에 19세기 이후 미국 북침례교를 중심으로 벌어졌던 이 논쟁은 이제 '모든' 어린이들로 대상을 넓히는 데 동의한다.

더욱이 웨스트민스터 신앙고백은 이 원리가 "말씀의 사역을 통하여 외적으로 부름을 받을 수 없는 모든 다른 택함 받은 사람에게도 동일하게 작용한다"고 적용했다. 그렇다면 당연히 지적장애인들도 포함되는 것으로 보아야 할 것이다. 이들 지적장애인들보다 더 외적으로 부름을 받을 수 없는 형편에 있는 사람들이 또 있을까!

결국 포인트는 이렇다. 일찍 죽은 영유아의 구원에 대한 신학적 논쟁의 결말은 결국 하나님의 주권에 달렸다는 것이다. 따라서 그들의 구원에 대해 닫힌 자세를 취하는 것은 옳지 않다는 것이다. 그렇다면 영유아의 수준에 있는 지적장애인들의 구원에 대해서도 열린 마음을 가져야 하겠고, 그들에게 세례를 베푸는 것에 대해 주저할 이유가 전혀 없다.

고백을 하지 못하는 그들의 구원을 확신할 수 없어 성례를 베풀 수 없다고 주장하는 것은

마치 성례에 참여하는 모든 기존 교인의 구원을 확신한다는 말과 같다.

현재 세례를 받고 교회를 다니는 모든 사람의 구원을 보장한다는 말과 같다. 정말 터무니없는 자가당착에 빠지는 주장이 되고 만다.

영유아의 구원에 관한 논의나 지적장애인의 구원에 대한 논의는 결국 같다고 본다. 아니 모든 사람의 구원에 관한 논의도 동일

하다. 사람이 판단할 수 없다는 것이다.

"책임질 나이"의 신학을 옹호하는 교단에 속한 교회라면 이제 지적장애인들의 성례에 대하여 더 이상 머뭇거리지 말고 문호를 활짝 개방하여야 할 것이다.

4. 실천신학적 접근

지적장애인의 구원의 문제를 논의를 하다보면 보통 사람들은 질서정연하게 구원의 공식에 맞추어 구원을 확인하는 데 반해 지적장애인은 특별전형에 의해 구제받는 것처럼 보인다. 그래서 John Swinton은 지적장애인의 구원의 문제를 교회론적 이해로 다루어야 한다고 주장했다. 즉 지적장애인이 자신의 구원을 자각하는지 아닌지로 묻지 말고 어떻게 그들을 교회가 품을 것인가로 물어야 한다고 주장했다. 지극히 중요한 지적이 아닐 수 없다.[19]

즉 교회는 하나님의 구원받은 백성이 긴밀하게 교제하는 공동체이므로 교회 안에서 장애인과 비장애인들이 아름다운 모습으로 교제하는 모습을 통해 하나님나라의 비밀을 나타낸다. 만일 교회 안에 장애인이 존재하지 않는다면, 그건 하나님의 교회라고 볼 수 없다.

그렇다면 지적장애인들의 구원을 교회 안에서 어떻게 확인할 수 있을까?라는 질문에 대해서 Frances Young은 교회 안에서 발상의 전환이 필요하다고 강조했다. 즉, 커뮤니티적 돌봄이 필요한 사람들이 장애인이 아니라 오히려 일반교우들이라는 것이다. 비장애인들이 장애인에게 배우려면 새로운 마음과 정신이 필요한데, 그런 마음으로 사귐을 시작할 때 정말 새로운 마음과 정신이 생기게 되고 이런 경험이 바로 서로의 구원이 된다는 것이다.[20]

결과적으로 지적장애인들의 구원문제는 결국 하나님과의 관계 그리고 다른 믿음의 형제들과의 교제와 직결된다. 지적장애인들은 이런 교제를 통하여 다른 사람들과 바른 관계를 형성하는 도덕적 회심을 경험하게 되고, 더 깊은 교제를 통해 비록 인지적으로는 하나님을 이해할 수 없다 할지라도 그들이 구원받은 사람의 표지를 나타낼 때,-즉 사랑, 용서, 자비와 같은 성령의 열매-그들에게 구원이 있다고 말할 수 있을 것이다.

Young은 또 "회심은 하나님 앞에 자신의 삶을 바로 드리는 것임과 동시에 다른 사람과의 화해를 말한다"는 점을 강조하였다.21)

구원의 표지로서 봉사와 섬김

이미 살펴본 대로 교회는 지적장애인들이 주님을 체험하는 장소다. 특별히 섬김을 받으면서 섬기는 자와의 상호의존적 관계를 통해 예수 그리스도를 체험하는 곳이다. 물론 성령에 의해 그리스도 안에 있는 교제 안에서만 가능한 일이다. 그런 교제가 계속 이어질 때 지적장애인들이 예수님의 사랑을 느끼게 되고 성령에 의해 특별한 방법으로 하나님을 아는 지식에까지 이르게 된다.

그러므로 섬기는 자가 봉사자라는 의식을 벗어나야 한다. 이제 교회 안에서 지적장애인을 섬긴다는 것은 단지 그들의 돕는 차원을 지나 구원의 행위로 이해하여야 한다. 자신들의 섬김을 통해 지적장애인들이 점점 구원을 체험하는 과정을 겪는다면, 그들을 섬김이 결코 봉사의 차원에 머물러서는 안 된다. 굳이 지적장애인이 아니더라도 교회에서의 봉사와 섬김은 똑같은 의미를 갖는다. 섬김은 신앙공동체의 도덕률이며 동시에 구원의 표지이다.

---

1) 이 부분에 대한 출처는 다음과 같다

R.C. Scheerenberger, *History of Mental Retardation* (MD: Brookes Publishing Co, 1983).

Wendy M. Nehring, *Health Promotion for Persons with Intellectual and Developmental Disabilities: The State of Scientific Evidence* (American Association on Intellectual and Developmental Disabilities, 2005).

M. Miles, 2005. "Martin Luther and Childhood Disability in 16th Century Germany: What did he write? What did he say?" originally in *the Journal of Religion, Disability & Health* (2001), vol. 5 (4) pp. 5-36.

2) M. Miles, 2005. "Martin Luther and Childhood Disability in 16th Century Germany: What did he write? What did he say?" originally in *the Journal of Religion, Disability & Health* (2001), vol. 5 (4) pp. 5-36.

3) 축사를 할 때 성수라 하여 물을 껴 얹는 의식은 바로 마귀가 물을 두려워한다는 생각에서 생긴 의례다.

4) John M. Frame, *The Doctrine of the Word of God* (NJ: P & R Publishing, 2010). 참고로 John Frame은 지적장애인의 구원 문제에 대해 직접적으로 논의한 바 없다.

5) 성례전을 통해 지적장애인을 이끄시는 하나님의 계획과 은혜에 대해서는 본문의 논의를 보라.

6) John M. Frame, *The Doctrine of the Word of God*(NJ: P & R Publishing,

2010). pp. 318-319.

7) Nancy L. Eiesland and Don E. Saliers, "Liberate Yourselves by Accepting One Another", in *Human Disability and the Service of God* (TN: AbingdonPress, 1998).

8) Nancy L. Eiesland, *The Disabled God: Toward a Liberation Theology of Disability* (TN: AbingdonPress, 1994).

9) John Swinton. "Friendship in Community: Creating a Space for Love", in 「*Interdisciplinary Journal of Pastoral Studies*」(1997), No. 122.
  Amos Yong. *Theology and Down Syndrome: Reimagining Disability in Late Modernity* (TX: BaylorUnivPr, 2007).

10) Gerhard Kittel. *Theological Dictionary of the New Testament* (MI: Eerdmans Publishing Company, 1983).

11) Stewart D. Govic, *Strong at the broken places: Persons with disabilities and the church* (KY: WJK Press, 1989).
  Stanley Hauerwas. Truthfulness and Tragedy: Further Investigations into Christian Ethics (IN: University of Notre Dame Press, 1989).
  Stanley Hauerwas. *Suffering Presence: Theological Reflections on Medicine, the Mentally Handicapped, and the Church* (IN: University of Notre Dame Press, 1986).
  John Swinton. *Resurrecting the Person: Friendship and the Care of People with Mental Health Problems* (TN: Abingdon Press, 2000).

12) Tracy Demmons. Being in encounter : toward a post-critical theology of knowledge of God for persons with intellectual disabilities : with special reference to Karl Barth's 'Church dogmatics' III:2. (Ph.D theis. University of Saint Andrews. 2009)

13) Jean Vanier, *Becoming Human* (NY: Paulist Pr. 1998).

14) Friedrich Schleiermacher, On Religion: Speeches to its Cultured Despisers (Cambridge University Press, 1996).

15) Colin E. Gunton (ed.), *The cambridge companion to Christian doctrine* (Cambridge University Press, 1997).

16) Karl Barth는 지적장애인들이 하나님을 아는 지식에 이르는 방법으로서 첫째, 지적장애인을 포함하여 모든 사람이 하나님 앞에 동등하다는 점에서 시작하여 둘째, 하나님을 아는 모든 지식은 오로지 예수 그리스도를 통하여야만 하는데 이런 지식은 사람의 인지적 또는 인식론적 지식을 초월한 지식이다.

셋째, 성령은 교회를 통하여 하나님의 지식이 지적장애인들에게 전달되게 한
다고 역설하였다.

17) 벌코프, 권수경 역,「벌코프 조직신학 下」(서울: 크리스챤다이제스트, 1991) p.
660.

18) 벌코프,「기독교 신학개론」, p. 211.

19) John Swinton. Friendship in Community: Creating a Space for Love,
Interdisciplinary Journal of Pastoral Studies (1997), No 122.

20) Frances Young. *Face to Face: A Narrative Essay in the Theology of
Suffering* (T&T Clark, 1990).

21) Amos Yong, *Theology and Down Syndrome: Reimagining Disability in
Late Modernity* (Baylor University Press, 2007).

지적장애인의 성례문제

2부

1. 지적장애인이 성례전에 참여해야하는 성경적 근거

지적장애인이 성례전에 참여할 수 있는 성경적인 근거를 대라고 한다면 지적장애인이 성례전에 참여할 수 없는 근거를 대라고 하면 될 것이다. 지적장애를 이유로 성례전에 참여하지 못할 이유에 대한 성경적 근거를 대지 못하는 한 지적장애인의 성례전 참여를 막을 근거는 없다.

종교개혁이 의도한 일은 아니었다 할지라도 결국은 소홀하게 된 의식이 성례라고 말할 수 있다. 성례를 지나치게 강조하는 가톨릭에 대항하여 말씀을 강조하다보니 성례는 자연히 소홀하게 되었다. 성례는 분명히 말씀과 함께 하나님을 아는 지식으로 인도하는 하나님의 은혜다.

웨스트민스터 신앙고백의 정의를 살펴보자. WCF 27.1

성례는 은혜 언약의 거룩한 표요, 인치심이며,롬4:11; 창17:7,10 하나님께서 직접 제정하신 것이다.마28:19; 고전11:23 성례는 그리스도와 그분의 은혜를 나타내고, 그분 안에 있는 우리의 유익을 확증하며,고전10:16, 11:25-26; 갈 3:27,17 또한 교회에 속한 자들과 세상 사람들을 가시적으로 구별하고,롬 15:8; 출12:48; 창34:14 그리스도의 말씀에 따라 그분 안에서 엄숙하게 하나님을 섬기도록 한다.롬6:3-4; 고전10:16,21

여기서 웨스트민스터 신앙고백은 성례의 세 가지 의미를 강조하는데, 그것은 첫째 언약의 표와 인치심이요, 둘째 신적행동, 셋째는 신적임재의 수단이다.

첫째, 언약의 표와 인치심이란 뜻은 성례가 하나님이 인간과 교통하시는 수단이며 계시라는 것이다. 따라서 성례를 통하여 복음이 무엇인지 알게 하시며 복음으로 인도하신다. 이 가르침은 단지 말씀으로만이 아니라 그림이나 행동으로도 가르치신다. 성례는 특별히 그의 자녀들에게 시청각 교육적으로 다가오는 하나님의 말씀이다. 따라서 지적장애인들이 하나님을 이해할 수 있는 가장 적합한 가르침이라고 말할 수 있다. 현행 특수교육학에서도 지적장애인에게 가장 훌륭한 커뮤니케이션 방법으로 그림 같은 시청각교육이 가장 효과적이라는 데 인식을 같이 한다.

둘째, 성례는 우리를 대신한 하나님의 신적행동이다. 성례는 하나님 앞에서 우리가 무엇을 행하는 것이 아니다. 오히려 하나님이 우리를 위해 무언가 하시는 행위이다. 그것은 바로 인치시는 행위이다. 성례는 하나님이 언약의 백성에게 예수 그리스도로 인치시는 행위다. 따라서 성례는 바로 종교개혁시대에 쓰였던 용어처럼 "보이는 말씀"이다. 이렇게 인치시는 행위로 하나님이 그의 백성을 세상에서 구별하시는 것이다.

셋째, 성례는 하나님이 임재하시는 장소다. 성례를 일컫는 "Communion"이란 말의 유래가 바로 "함께 한다", "교제한다"는 뜻이다. 그러므로 바울사도가 말한 것처럼 그리스도의 피와 몸에 함께 한다는 뜻이다. 고전10:16 하나님이 그의 자녀들과 긴밀하게 함께 하심으로 그의 자녀들을 믿음으로 성장하게하고 강하게 한다.

이렇게 성례를 첫째 언약의 표와 인치심이요, 둘째 신적행동, 셋째는 신적임재의 수단으로 이해할 때 어떤 이유로도 장애인을 성례에서 배제할 명분을 찾을 수 없다.

덧붙여 웨스트민스터 신앙고백은 성례의 주체에 대해 분명히 한다.1)

> 바르게 행사된 성례에 나타나는 은혜는 그 안에 있는 어떤 능력에 의해 주어지는 것이 아니다. 또 성례의 효능은 집례하는 사람의 경건함이나 의도에 달려있지 않고, 롬2:28-29; 벧전3:21 다만 성령의 사역에, 마3:11; 고전12:13 그리고 집례의 위임 명령과 함께 합당하게 받는 자들에게 주시는 은혜의 약속을 포함하는 제도적 말씀에 달려있다. 마26:27-28, 28:19-20

그러므로 성례의 주체가 하나님이시고 성례의 효력이 은혜라면 그 은혜는 불가항력적으로 오는 것이므로 그 누구도 막을 수 없다.

지적장애인의 세례문제를 다루면서 가장 먼저 살펴야 할 것은 장애의 유무에 상관없이 어느 누구에게나 해당되는 세례의 의미일 것이다. 이것을 가장 잘 요약한 것이 웨스트민스터 신앙고백이라고 생각한다.

세례는 예수 그리스도께서 제정하신 신약의 성례이다.마28:19 세례는 세례받는 당사자를 유형교회에 엄숙하게 가입시키기 위한 것일 뿐만 아니라, 고전12:13 그에게 은혜 언약,롬4:11; 골 2:11-12 그리스도에게 접붙임,갈3:27; 롬6:5 거듭남,딛3:5 죄사함,막1:4 예수 그리스도를 통하여 하나님께 새 생명 가운데서 살겠다는 맹세에 대한 표와 인치심이 된다.롬6:3-4 이 성례는 그리스도 자신의 명령이며, 세상 끝 날까지 그의 교회 안에 계속될 것이다. 마28:19 WCF 28.1

첫째, 웨스트민스터 신앙고백서의 세례의 의미 중 가장 먼저 강조되는 점이 세례는 유형교회의 입문표지라는 것이다. 유형교회는 본질적으로 100% 믿는 자들로만 구성될 수 없다. 따라서 세례를 줄때 교회가 구원을 책임지는 태도로 세례식을 베푸는 것이 아니라 예배공동체의 일원으로 간주하는 의식으로서 의미가 가장 크다고 보겠다. 이를 보더라도 지적장애인의 구원을 확신할 수 없어 세례를 베풀지 못한다는 태도는 지극히 비상식적 태도다. 그렇다면 비장애인들의 구원은 100% 확신하기에 세례를 베푼다는 말인가? 따라서 우리는 구원을 확신하기 때문에 세례를 베푸는 게 아니라 신앙공동체 안에서 새로운 삶의 형태를 살기 원하는 사람들을 공식적으로 환영하고 함께 교제하는 첫 시작이라는 관점에서 세례를 보아야한다. 이점이 웨스트민스터 신앙고백서의 첫 번째 강조점이다.

웨스트민스터 신앙고백은 이점을 분명하게 강조한다.

> 이 의식을 경멸하거나 무시하는 것은 큰 죄이다.눅7:30; 출4:24-26 그렇다 할지라도, 은혜와 구원이 반드시 세례에 동반되는 것은 아니다. 따라서 세례 없이 아무도 거듭나거나 구원받을 수 없는 것도 아니고,롬4:11; 행10:2,4,22,31,45,47 세례 받은 모든 사람이 의심할 여지없이 거듭난 것도 아니다.행8:13,23 WCF 28.5

둘째, 세례의 언약적 관계를 강조한다. 하나님의 언약은 구원의 절대주권을 강조하는 하나님의 계획과 액션이다. 따라서 장애라는 이유로 하나님이 구원을 제한한다는 증거를 찾지 못한다면 지적장애인을 하나님의 언약에서 배제할 수 없다.

셋째, 세례는 거듭남과 죄사함의 증표인데 이것 역시 지적장애인이 거듭날 수 없다는 것과 그들이 회개할 수 없다는 증거가 없는 한 장애라는 이유로 배제되지 않는다. 이미 살펴본 대로 거듭남과 죄사함에 대한 증거가 반드시 지적능력으로 확인되는 게 아니다. 오히려 거듭남과 죄사함의 경험과 증거는 지적 작용보다는 신비한 영적작용이 개입된 것이다. 따라서 이러한 신비한 영적능력을 통한 거듭남과 죄사함이 지적장애를 이유로 제한받는다고

말할 수 없다

넷째, 세례는 표와 인치심이다. 표와 인치심도 전적으로 삼위 하나님의 영역이다. 표와 인치심이야말로 지적작용을 통해 얻어내는 게 아니다. 그저 선물로 받을 뿐이다. 성경은 구원의 선물을 받는 조건으로 육체적, 지적 수준을 말한 일이 없다.

성례는 예수님이 친히 제정하시고, 그의 백성에게 세상 끝 날까지 교회 안에서 기념하도록 제정하신 아름다운 예식이다. 따라서 언약공동체 안에서 영원토록 지켜야할 의식에 지적장애인들이 포함되는 것을 거부한다면, 그것은 이미 교회이기를 포기하는 행위와 같다.

2. 세례에 관한 여러 견해와
   지적장애인을 위한 세례문호개방

세례를 보는 견해를 다음의 네 가지 카테고리로 요약할 수 있다. 각 견해의 중심사상을 요약하고 그 내용을 토대로 지적장애인의 세례를 위한 논리적 여지를 발견하고자 한다.

구원의 관점에서 본 세례

이 견해는 세례를 하나님의 구원의 은혜를 전달해 주는 중요한 수단으로 본다. 세례를 받음으로써 죄사함을 받고 중생을 얻는다는 생각이다.세례중생론 따라서 세례는 구원을 위한 필수조건으로 본다. 주로 가톨릭에서 견지하는 주장으로 가톨릭 7대 성례 중 하나다.

1995년에 미국 가톨릭주요회의USCCB는 "지적장애인을 위한 성례전 지침"을 발간하였다. 여기에 나오는 지적장애인을 위한 세례지침은 다음과 같다.

1. 모든 성도는 세례를 통하여 그리스도와 교회에 가입함으로써 죄사함을 받고 하나님의 자녀라 칭하게 된다.

2. 이 세례의식은 만민을 구원하기 위한 예식이므로 원하는 모든 사람에게 베푼다.

따라서 장애인이라는 이유로 배제시킬 수 없다.

3. 목회자는 장애아의 부모에게 세례의식의 의미를 가르쳐주어야 하며 가족들에게 세례가 주는 구원의 기쁨을 상기시켜 줌으로써 공동체 안에서 서로 격려 받도록 해야 한다.

4. 세례 받을 장애인이 교리공부를 할 수 있는 연령이 되면 필요에 따라 공부내용을 단순화할 수 있다.

5. 장애인을 위해 대모, 대부가 계속해서 영적 성장을 위한 도움을 주어야 한다.

한국 가톨릭의 사목지침서 제3관 장애인의 세례편 제56조는 "신체 장애인에게도 가능한 대로 필요한 교육을 실시한 후 세례 받게 하여야 한다."고 하고, 제57조 정신 장애인 1항에 "전면적 정신 장애인에 대한 세례는 어린이의 세례에 준한다."교회법 제852조 2항 참조 2항은 "부분적 정신 장애인에게는 가능한 대로 교육을 실시하고 의사 표시가 있은 다음 세례를 받게 하여야 한다."라고 규정한다.

▶▶▶ 이 관점에서 본 지적장애인의 세례

이런 신학적 관점은 세례를 통하여 구원의 은혜를 받는다는 것이므로 장애가 구원의 조건에 방해되지 않는다. 즉 세례의식은 만민 구원을 위한 예식이므로 장애인이라는 이유로 배제시킬 수 없다는 것이다. 장애인도 세례를 통하여 구원에 이를 수 있기 때문에 오히려 스스로 구원의 기회를 찾지 못하는 지적장애인들에게 교회가 나서서 세례를 집례함으로써 그들에게 구원의 기회를 제공한다는 의미가 되므로 장애인들에게 세례를 베푸는 데 있어서 매우 적극적이다.

언약적 관점에서 본 세례

언약적 관점이란 하나님과 그의 백성의 관계를 언약의 관계로 보고 하나님이 주권적으로 택하신 백성은 그의 언약가운데 대대로 그의 백성 삼으신다는 생각이다. 따라서 언약적 관점에서의 세례는 하나님의 백성이 언약 안으로 들어가는 사인이자 표다. 구약의 언약의 표인 할례가 신약에서는 세례가 되었다고 본다.

언약적 관점에서의 세례는 구원이 전적인 하나님의 계획이라는 사실과 예수 그리스도를 통해서만 이루어진다는 사실에 강조를 둔다. 따라서 이 언약적 관점에서의 세례는 축제의 성격이 짙다. 이런 언약적 관점은 한번 택함을 입은 자녀가 믿음 가운데 있을 때 그 자손들 역시 하나님의 언약 아래 아브라함의 백성이 된다는 믿음을 가진다. 이런 근거로 언약신학은 유아세례를 베푸는 근거가 된다.

▶▶▶ 이 관점에서 본 지적장애인의 세례

하나님의 언약은 무조건적, 일방적 계약이 그 특성이다. 심지어는 그의 자녀들이 언약을 깨고 범죄를 해도 하나님은 그 언약을 깨지 않으시려고 갱신하시면서 까지 당신의 자녀들을 사랑하신다. 이런 맥락에서 하나님의 언약은 인간의 어떠한 조건에도 구애받지 않으신다. 따라서 사람의 장애가 언약의 자녀가 되는 데 아무런 걸림돌이 되지 않는다.

실천적 문제로서 장애아의 부모가 믿는 때는 유아세례의 사례를 적용해서 지적장애인에게 세례를 베푸는데 아무런 문제가 없을 것이다. 그럼 부모가 믿지 않는 때는? 언약을 꼭 육신의 부모의 믿음에만 국한하여 생각하는 것은 하나님의 언약을 제한하는 일이다. 하나님의 언약은 육신의 부모를 통해서만 계대되는 것이 아니라 영적 이스라엘인 아브라함의 자손을 통해 이루어지는 일이다. 따라서 지적장애인이 신앙의 공동체에서 삶을 함께 누린다면 영적 이스라엘의 믿음이 언약신앙 안에 있는 것이므로 지적장애인에게 세례를 베푸는 것은 지극히 당연하다. 이때 언약의 후견인 제도를 통해서 부모의 역할을 대신하게 된다.

상징적 관점에서 본 세례

주로 침례교가 견지하는 견해로서 이 관점은 세례를 통하여 예수 그리스도의 죽으심과 부활에 자신이 동참한다는 상징적 의미를 말한다. 그리고 자신의 믿음을 공적으로 선언하는 믿음에 대한 순종행위로 본다. 즉 예수 그리스도를 믿음으로 하나님이 주신 구원을 받아들이며 삶을 주님께 헌신하겠다는 공식선언이 세례에 담긴 가장 큰 의미다. 따라서 이 관점은 자신의 신앙을 스스로 고백할 수 없는 유아세례에 반대한다. 결국 자신의 신앙을 스스로 고백할 수 없는 지적장애인들에게 세례의 문호를 개방하는 데 주저한다.

▶▶▶ 이 관점에서 본 지적장애인의 세례

이런 관점에서 보면 자신의 신앙을 스스로 고백할 수 없는 지적장애인은 세례를 받는데 어려움이 있다. 세례를 받지 못하면 교회의 관습상 당연히 성찬에서도 배제된다.

그러나 이런 고백적 관점에서 세례를 본다 해도 지적장애인들에게 세례를 베풀 근거와 실제적 지침은 얼마든지 가능하다. 고백적 관점에서 세례를 다루는 교회들이 지적장애인들의 세례에 대해 가장 닫힌 자세를 취함은 그들이 가진 신학적 배경이기 때문에 이해되는 부분도 있지만, 그들의 신학 테두리 안에서도 지적장애인들에게 세례를 베풀 근거가 충분하다는 점을 강조하고 싶다. 따라서 다음 장에서 이 문제를 집중적으로 조명하여 충분이 이해할 만한 이론적 논거를 제공함으로써 교회적으로 지적장애인들에게 성례 문호를 개방하는 데 걸림돌을 제거하고자 한다.

신앙공동체 입문의 표지로서 본 세례

칼빈이 하나님과 그의 백성의 관계를 언약적 관계로 보았다는 사실은 주지의 사실이므로 언약점 관점에서 세례를 다룰 때 칼빈의 견해를 굳이 강조하지 않았다. 그러나 여기서는 칼빈이 세례를 신앙공동체의 입문이라는 각도로도 보았다는 점을 함께 소개하고자 한다.

존 칼빈도 세례의 의미를 "교회라는 공동체로의 입문을 의미한다. 따라서 이 세례를 받기 위하여는 그리스도와 연합되어야 하며, 그렇게 함으로서 하나님의 자녀가 되는 것이다"라고 말했다.2) 또한 칼빈은 신앙공동체 안에서 고백적 의미도 함께 부여하였다. 즉 세례는 "첫째, 하나님께 대한 우리 신앙의 상징이며, 둘째, 사람들 앞에서 우리를 드러내고자 함이다"라고 공동체적 고백을 강조하였다.3)

많은 교회의 규정이 교인은 중생한자로 못 박지만, 중생한 자를 판단하는 것은 사람의 몫이 아니다. 또 유형교회 안에는 이리와 위선자도 섞여 있는 게 현실이다. 요2:19; 행20:29-30;요일2:18-19

여기서 두 갈래의 위험한 경향이 나타난다. 첫째는 자격을 까다롭게 해서 중생한자를 선별하려는 노력을 강화해야한다는 주장과, 둘째는 어차피 정확히 가리는 것은 불가능할 뿐더러 구원은 전적으로 하나님께 달린 것, 그리고 교회 안에서 신앙을 차별화하는 것이 불공정하므로 모든 사람에게 세례를 오픈하여야 한다는 주장이다. 이 두 경향 모두 위험하다.

이 두 가지 위험성을 예방하고 그동안 닫혀있었던 그룹, 예를 들어 장애인, 환자, 어린아이에 이르기까지 하나님께서 이미 그의 자녀로 부르신 이들에게 성례전을 시행하도록 하는 성경적 이해가 세례를 유형교회 입문의 기본적 최초의식이라고 보는 것이다. 이렇게 본다면 모든 교회가 일정기간 교회를 출석하는 장애인들에게 세례를 베푸는 데 무리가 없을 것이다.

유형교회 입문의 표지로서의 세례

사실 신약교회에서 세례는 유형교회 입문의 표지였다. 성경적으로 보아도 교회가 중생한 자를 가려내고 알곡와 가라지를 가려내도록 권한을 부여받은 것은 아니다. 그러므로 입교를 위한 세례의식을 치르고 교회에 가입한 자는 모두 유형교회에서는 크리스천으로 인정해야 한다. 그러므로 완전한 그리스도인이라는 것을 알기 전에 어떻게 세례를 줄 수 있느냐하고 걱정하는 교회들이 알아야 할 것은 우리가 교인들의 중생을 최종 확인하고 결정할 수 있는 권위나 능력을 가진 것이 아니라는 점이다. 물론 가능한 최대의 선별과정을 거쳐야 하지만, 그 기준이 또 어떤 이들에게는 하나님께 나아가는 것을 방해하는 결과를 가져오기 때문에 "세례를 베푼 교인들이 나중에 완전히 돌아서서 배교를 하는 때가 아니라면 그때까지는 우리는 그들을 크리스천으로 인정해야 할 것이

다." 그러므로 "세례는 성숙한 신자뿐만 아니라 바로 신앙을 시작하는 사람을 위한 것"이기도 하다.[4]

▶▶▶ 이 관점에서 본 지적장애인의 세례

이미 말한 대로 세례가 구원에 대한 인증서도 아니고 그렇다고 누구에게나 발부하는 면죄부도 아니라는 점에서 이 관점은 하나님의 전적인 구원계획을 강조하면서도 구원받은 자만을 위한 닫힌 구조가 아님을 분명히 한다.

따라서 이 관점 아래서는 그동안 문호가 막혀있었던 지적장애인을 포함한 장애인, 중증환자, 영아에 이르기까지 하나님께서 이미 그의 자녀로 부르신 이들에게 성례전을 시행하도록 하는 문호를 개방한다. 이 관점에서 세례는 다분히 신앙공동체에서 성도의 거룩한 교제와 축제가 강조된다.

지금까지 살펴본 대로 세례에 대하여 어떤 관점에 서 있다 할지라도 지적장애인에 대한 세례를 배제할 결정적 이유가 전혀 없다는 것을 알 수 있다. 단지, 고백을 중요시 하는 상징적 관점에서 보면 스스로 신앙고백을 하지 못하는 지적장애인에게는 쉽게 세례를 오픈하지 못한다는 시스템상의 맹점이 있긴 하지만, 그럼에도 지적장애인에게 세례를 베풀 근거와 실제적 방안이 얼마든지 있다는 것을 이제 살펴보기로 한다.

3. 신앙고백을 토대로 세례침례를 베푸는 교회를 위하여

지적장애인의 신앙고백을 위한 고려

지금까지 살펴본 대로 세례가 구원을 확증해 주는 절대적인 표가 될 수 없다면, 그토록 위험하게 생각하는 유아세례나 지적장애인을 위한 세례에 대한 경계심도 낮추어야 할 필요가 있다. 신앙을 고백하고 세례를 받았다고 다 구원을 얻은 사람이라고 말 못한다면 지적장애인들에게 세례에 베풀어도 그 정도 확률의 위험성만 있을 것이다.

여기서 신앙고백을 토대로 세례침례를 베푸는 교회들의 세례에 대한 신학적 주장을 먼저 들어보고 그에 대한 지적장애인 세례문제의 대안을 생각해 보자.

대부분의 침례교회의 규정을 보면 침례의 대상자는 반드시 믿는 신자라고 못 박는다. 즉 수세자의 분명한 믿음에 근거해서만 세례를 줄 수 있다고 강조한다. 따라서 "인식의 능력과 결단"이 없는 유아에게 세례를 주는 것을 반대한다. 이런 근거에 의해 신앙고백이 불가능한 지적장애인들에게 침례를 베풀지 않는다.

그러면서도 침례교회의 침례론은 침례에 의해서 거듭남의 은혜가 온다침례중생설든가, 침례에 의해서 구원이 온다침례구원설고 주장하는 부류는 드물고, 대부분 침례가 복음의 가시적 상징이며 신자의 첫 순종행위임을 강조한다.

결국, 따지고 보면 침례가 반드시 구원을 보장한다는 뜻은 아니라는 점을 강조함으로써 가톨릭적 이해, 즉 세례구원설과 차별화하려고 했다. 그러면서 침례는 복음의 가시적 상징임을 분명히 한다.

그렇다면 이제 분명해진다. 즉, 침례의 대상자를 신자라 못 박고 신자를 판단하는 척도를 "인식의 능력과 결단"에 의한다고 했을 때, 인식의 능력과 결단을 어떻게 판단하는가 하는 문제만 해결하면 되는 것이다.

먼저 인식의 능력과 결단이란 관점에서 살펴보자.

첫째, 복음을 인식하는 능력을 인지능력, 즉 지능에 둔 것이 문제다. 그렇다면 아예 구원을 이해할 수 있는 인지적 능력, 즉 IQ 얼마가 되어야 한다는 지침까지 마련해야 할 것이다. 그러나 지능지수IQ는 영적 능력을 재는 데 사용할 수 있는 검증된 도구는 아니다. 복음을 이해하는 데 인지능력이 어느 정도 필요한가에 대한 과학적 연구와 보고는 전혀 없으며 오히려 인지능력이 없어 보이는 지적장애인들이 풍성한 영적 삶을 누린다는 보고는 수도 없이 많이 있다.

지적장애를 연구하는 많은 학자도 IQ가 영적 능력을 재는 지수로 사용할 수 없다는 데 동의한다.

둘째, 복음을 인식할 수 있는 능력이 지적장애인에게 있느냐 없느냐 하는 질문과 지적장애인들의 구원을 제3자가 어떻게 인식할 수 있느냐 하는 질문은 완전히 다른 별개의 질문이다. 즉 교회는 두 질문을 혼동하고 있다. 오히려 문제는 제3자가 지적장애인의 구원을 인지할 능력이 없다는 것과 그것을 측정할 방법을 찾지 못한다는 데 있다. 그런데도 마치 지적장애인들의 인지능력에 문제가 있는 것처럼 말하는 것은 논리적으로 큰 모순이다. 동시에 이미 여러 번 지적하였듯이 구원을 인지능력으로만 측정한다는 것도 모순이다.

셋째, 이미 구원의 인식론적 이해에 대하여 비판을 한 일이 있다. 신자가 자신의 믿음을 고백할 때 하나님을 아는 데 이른 경험과 체험을 말하게 된다. 그런 체험과 경험을 토대로 믿음의 진정성을 판단하게 된다. 결국 구원의 인식이라는 것이 경험과 체험에 바탕한 지식이라면 지적장애인에게도 구원의 경험과 체험이 없다고 잘라 말할 수 없다. 뿐만 아니라 그들의 경험과 체험을 지적 언어로 표현하지 못하기 때문에 침례를 베풀지 못한다면 구원을 확증하는 데 쓰이는 지적언어는 어떤 단어를 포함해야 할까? 세례침례를 위한 신앙고백이 이렇게 수능시험과 같이 커트라인을 두는 테크니컬한 문제이어야 할까?

결국 인식의 문제는 지적장애인의 문제가 아니라 세례(침례)를 베푸는 교회의 인식의 문제이다.

넷째, 고백과 결단의 문제도 마찬가지이다. 고백과 결단을 표현하는 데도 반드시 언어나 글로 표현되어야만 한다는 주장은 지극히 행정을 맡은 사람들을 위한 편리주의 발상이다.

보통 사람들도 고백이나 결단을 할 때 그 진정성은 말에 있지 않고 오히려 마음가짐에 있음을 알 수 있다. 따라서 지적장애인들의 믿음의 고백과 결단을 이해하도록 다양한 방법이 동원되어야 할 뿐 비장애인에게만 해당되는 방법을 지적장애인에게 적용한다는 것은 이미 불공평한 게임이다. 지금 특수교육을 시행하는 현행 교육제도에서 지적장애인들을 비롯한 언어장애인들의 커뮤니케이션 수단으로 매우 다양한 방법을 수용하는 마당에 교회에서는 오로지 음성언어로만 표현할 수 있어야 한다는 주장은 시대에 너무 뒤떨어진 주장이다.

이렇게 볼 때, 지적장애인의 세례에 관한 현행 제도의 논리적 모순에 공감만 한다면 실제적 가이드라인 마련은 쉬워진다. 굳이 자신이 채택한 신학적 위치를 바꾸지 않아도 가능하다는 뜻이다.

다음, 지적장애인들의 고백의 진정성을 의문시하는 것도 마찬가지다. 지적장애인의 고백의 진정성이 다른 지성인의 그것보다 떨어진다는 근거도 없다. 각 교회의 세례지침이 실수를 줄이고 안전성과 교회의 건덕을 위해 만든 규정이라고 말한다. 하지만, 이런 규정은 지적장애인들의 세례를 시행해 보지도 않고 위험하다는 가정 아래 실시하는 것이기 때문에 불공정하다. 즉 세례침례를 받은 지적장애인 중에 얼마나 많은 사람이 교회 밖으로 이탈했는지 먼저 측정해보고, 큰 문제가 발생할 때에 안정성과 건덕을 논

의해야 할 것이다. 실제로 세례침례를 받은 지적장애인과 일반 성
도들 간의 교회 이탈을 비교한 연구 결과에 의하면 오히려 지적장
애인들의 교회 이탈이 훨씬 적은 것으로 나타났다. 이래도 안정성
과 건덕을 이유로 지적장애인들의 세례침례를 막아야 하는가?

안전성과 건덕이라는 조항에 걸려 영광스런 성례전에 참여하
지 못하는 진정한 믿음의 지체들의 아픔은 어떻게 보상받아야 할
까? 누구를 위한 안전인가! 마땅히 참여해야할 지체가 그리스도의
몸의 의식에 참여하지 못하고 교회 밖으로 내팽개쳐지는 것이 훨
씬 위험한 것 아닌가!

지적장애인들의 법정 증언을 법적근거로 채택할 수 있는가 하
는 문제로 선진국에서는 고민을 하며 나름대로 원칙을 세우고 있
다. 연구결과 지적장애인의 법적 증언이 일반인들의 증언보다 신
빙성이 낮다라는 증거를 찾지 못하기 때문에 법적근거로 삼을 수
있다는 판결이 점점 힘을 얻어가는 실정이라는 것을 부언해 둔다.

실제적 가이드라인

이제 신앙고백을 기초로 성례전을 시행하는 교회들을 위한 실
제적 가이드라인을 제공하고 자 한다.

입교를 위한 "믿을만한" 신앙고백Credible profession of faith의 기준

이 판단의 잣대는 지적 언어로 잘 정돈된 표현과 같은 테크니

컬한 기준으로 할 것이 아니라-표현만 멋있게 하는 비신자도 얼마든지 있어 왔으므로-비록 어눌하고 초보적인 고백이라 할지라도 진정성 있어 보이면 믿음의 증표로 보고 세례침례를 베푸는 것이 정당하다고 생각한다.

신앙고백에는 언어적 요소뿐만 아니라 비언어적 표현, 감정, 정서, 가정생활, 교회생활, 사회생활에 그리스도인의 증거가 있는가 하는 모든 판단의 근거가 포함되어야 한다.

또한 수세자가 세례침례를 받음으로 이제 신앙인으로서 계속 그리스도의 장성한 분량까지 자라가길 힘쓰겠다는 공적인 약속이 의식에서 더욱 중요한 요소이기 때문에 교회 안에 있는 지적장애인들에게 더욱 권할 일이다.

공적 신앙고백을 마치 완성된 신앙처럼 이해해서는 안 된다. 더욱이 교회의 순수성을 지키는 수단으로 오해해서는 안 된다. 이것은 오늘날 많은 교회가 저지르는 잘못 중 하나이다. 지상의 교회는 완성된 하나님나라가 아니다. 오히려 세례침례를 신앙의 입문으로 보고 성숙한 신앙으로 가도록 하는데 더욱 많은 시간과 사랑을 투자하여야 한다. 우리가 되새겨 보아야 할 것은 초대교회에서도 세례를 준 후에 성경과 신조를 가르쳐 믿음을 자라게 했다는 사실이다. 신조를 먼저 배우고 이해한 후에 세례를 받을 수 있다는 규칙과 관행은 지극히 잘못된 것이다.

필자도 세례문답을 받을 때 웨스트민스터 신앙고백을 따르겠느냐는 질문을 받은 일이 있다. 웨스트민스터 신앙고백이란 말은 주보 표지에 교회가 웨스트민스터 신앙고백을 따른다고 쓰여 있었기 때문에 그 이름은 들어 알고 있었다. 하지만, 그 내용이 무엇인지에 대해서는 알지도 못했을 뿐더러 가르침을 받은 적도 없었다. 그런데 세례문답에서 신조를 따르겠느냐는 질문을 받았다. 무슨 내용인지도 모르지만, 교회의 신조니까 따르겠다고 했다.

요즈음 소위 세례문답을 하면서 예상문제를 배부하고, 그것을 외워 맞추는 식의 문답은 오히려 신앙고백에 부정적인 영향을 끼친다. 어떻게 신앙공동체 입문마저 수능시험이 되었는지 한탄스럽다. 세상에서도 지능을 토대로 사회에서 배척을 받아왔는데, 교회에서마저 지능을 이유로 거룩한 공동체 가입에 낙방을 먹어야 하나!

신앙고백의 방법

믿음과 고백이 동전의 양면과 같은 것이라면 고백의 문제가 꼭 소리를 내는 것일 필요는 없지 않을까? 그렇다면 고백하는 방법은 여러 가지가 있을 수 있다. 사람의 생각을 전달하는 수단이 음성으로 된 언어일 수도 있고, 비언어적 방법일 수도 있다. 심지어는 언어적 요소가 없는 발성일 수도 있다. 더 나아가 소리 없는 몸짓일 수도 있고 심지어는 눈동자로도 표현할 수 있다. 한 예로 말도 못하고 심지어는 눈 깜빡거리는 것조차 하지 못하는 중증장애인이 눈동자의 시선을 인식하는 컴퓨터 프로그램을 통하여 훌륭하게 자신의 의사를 표시한다. 그렇다면 이런 중중장애인들도 분명히 의사를 표현할 능력이 증명된 셈인데 입으로 고백하지 못한다고 해서 성례전에서 제외시켜야 할 것인가!

인지 능력과 신앙고백의 한계

지적장애인의 인지능력을 흔히 IQ로 측정하고 일반적으로 IQ 70정도를 지적장애인의 경계로 본다. 70이하의 IQ로는 정상적 판단과 이성적 결정을 할 수 없다고 보기 때문에 그들이 무슨 말을 하든 믿을 수 없다는 판단에서 성례전도 베풀 수 없다는 태도가 아직도 대세인 듯하다. 그러나 지적장애인도 인지능력이나 커뮤니케이션 능력이 천차만별이므로 일괄적으로 지적장애인의 세례 기준을 만들 수 없다. 더구나 IQ 측정방법이란 것이 지극히 인위적이고 주관적일 뿐 아니라, 인지능력의 지극히 일부 기능만을 측정하도록 고안된 것이므로 감성지수나 또는 영적지수를 측정하는 데는 아무런 기능을 할 수 없다.

특히 지적장애인들의 능력을 측정할 때는 정말 IQ란 무용지물이라는 생각이 든다. 왜냐하면 지적장애인 중 IQ로는 도무지 측정할 수 없는 경이적인 능력을 가진 친구들이 너무나 많다. IQ로는 50도 되지 않는 지적장애인이 오히려 똑똑한 사람들조차 도무지 흉내 낼 수 없는 능력을 발휘하는 분야가 많다는 점을 어떻게 설명할 수 있을까?

신앙고백이라는 측면에서도 순전히 논리적인 표현에 따라 점수를 매기고 당락을 결정하는 현행 시스템으로는 지적장애인들의 커뮤니케이션을 바로 이해 할 수 없다. 그러므로 신앙고백을 측정하는 데에도 역시 비장애인들을 위해 만들어 놓은 기준으로 장애인들의 능력을 측정한다는 것 자체가 불공정한 처사이다. 그러므로 지적장애인들의 생각을 이해하려면 그들의 커뮤니케이션 방법을 사용하여야 할 것이다. 실천적으로 지적장애인들의 세례문답에 특수교사라든가 부모 등 세례 대상자를 가장 잘 아는 사람이 동석하여 그의 평소 믿음의 여정을 대변해 주는 것도 좋은 방법이 될 수 있다.

경험담 하나를 들자면, 어느 교회 장애부서에 매주 빠짐없이 나오는 J라는 24살 여자 자폐장애인의 경험담이다. J는 비록 유의한 말을 하지 못하지만, 성격이 매우 활달하고 밝다. 예배에 참석하여 찬양하는 것을 좋아한다. J는 또 성경공부를 곧잘 이해한다. 문제는 언제나 "노"라고 대답한다는 데 있다. 그렇다고 어떤 질문이나 똑같이 "노"라고 대답하는 게 아니다. 정확하게 자신이 아는 질문에만 "노"라고 답한다. 마침 교회에서 지적장애인들에게 세례의 문을 열었다. 그동안 열심히 목회한 장애부서의 결실이기도 하다. 당연히 J는 세례받기를 원했고 당회에 추천을 하였다. 그러나 교회의 당회는 세례문답이라는 관문을 생략할 수는 없다고 했다. 문제는 당회원 대부분 자폐장애의 특성을 잘 모른다는 점이었다. 세례문답시 담당전도사가 들어가 J의 특성을 미리 설명했다. 당회원의 질문이 있었다. "J양, 예수 그리스도가 J의 구주임을 믿으세요?" J는 또렷하게 "노"라고 대답했다. 당회원들은 당황했다. 재차 물었다. J는 또 "노"라고 대답했다. 담당전도사는 J의 대답이 바로 "예스"라는 뜻이라고 설명했다. 그럼에도, 당회원들은 도무지 이해할 수가 없다고 고개를 절레절레 흔들었다. 어떻게 "노"가 "예스"가 되냐고 되물었다. 가장 중요한 질문에 "노"라고 했으니 세례문답을 통과할 수 없다고 했다. J는 낙방을 먹었다. J의 부모는 교회를 떠났다. 10여년을 한결같이 J와 함께 예배를 드렸고 누구보다 J는 예배를 좋아했는데 세례를 줄 수 없다니, 사랑하는 딸의 구원을 인정할 수 없다는 교회에 어떻게 더 이상 다닐 수 있느냐며 눈물을 흘렸다.

이 사례에서 커뮤니케이션을 이해하지 못한 장본인은 누구인가? 어차피 모든 언어에는 해석이 뒤따르는 것 아닌가?

지적장애인이 자신의 의사를 표현할 때 쓰는 그들만의 언어를 우리가 잘 해석해야 할 필요가 있다. 지금도 성례전에 제외된 많은 지적장애인 친구들이 얼마나 예배시간을 사모하는지, 부모가 교회를 빠지는 날이면 난리를 부려서라도 꼭 예배에 참석하고야마는 친구들. 찬양을 할 때마다 신이 나서 덩실 덩실 춤을 추는 우리 친구들을 하나님의 구원을 확신할 수 없다고 성례전에서 제외시켜야만 할까?

예배에 빠지지 않겠다고 부리는 난리, 예배시간에 덩실덩실 추는 춤. 이보다 더 확실한 신앙고백이 어디 있으랴!

신앙고백이 불가능한 중증장애인의 경우

중증장애인으로서 자신의 신앙을 고백할 방법이 없는 상황이 있다. 휠체어에 간신히 의지하고라도 예배를 드리며 자신의 의사조차 말로 표현하지 못하는 중증장애인은 어떤가? 물론 이런 때는 부모나 인도자가 주일마다 예배장소에 데려다 놓는 때이다.

그러나 이런 상황 역시 우리는 예배 참여자로 보아야 한다. 아무리 중증장애인이라 할지라도 자신의 몸짓이나 눈짓으로 싫은 것은 분명 거부의사를 밝힌다. 예배 참여에 대한 분명한 적극적 의사가 없다고 해서 비자발적 예배자라고 말할 수 있을까? 오히려 분명한 적극적 거부의사가 없다면 자발적 예배자라고 해야 하지 않을까?

필자의 경험에 의하면 심한 중증장애인도 그들이 예배에 참여하여 주님을 꼭 붙들고 있음을 확인 할 수 있다. 비록 말이나 몸짓으로 신앙고백을 할 수는 없어도 예배를 통하여 주님을 만남을 확인할 수 있는데 그들 대부분이 다른 때와 달리 예배 시간에 매우 편안해 하며 때로는 눈물을 흘리기도 한다.

그렇다면 예배인도자의 판단이 신앙고백의 증거로 채택될 수도 있을 것이다.

의문은 남는다. 식물인간 또는 혼수상태에 있는 사람에게 성례를 베풀 수 있는가하는 문제다. 이들은 자신의 의사를 표현할 수 있는 최소한의 방법도 없다.

하지만, 아무리 그와 같은 중증장애인이라 할지라도 예배에 참여시키고 하나님의 말씀을 듣게 하는 것이 좋을 것이다. 예를 들어, 식물인간 상태나 혼수상태에서 깨어난 사람들의 증언에 의하면 혼수상태에서도 사람들의 소리를 들을 수 있었다는 증언이 여럿 있다.

따라서 신체적 또는 지적 장애를 이유로 신앙공동체의 접근을 막는 것보다 오히려 장려함으로써 그들이 신앙공동체 안에서 구원의 감격을 맛보도록 도와주는 것이 교회의 책임이 될 것이다.

아주 좋은 성경적 근거가 있다.

마가복음 2장을 보면 예수님은 중풍병자를 메고 온 네 친구의 믿음을 보시고 중풍병자의 구원을 선포하셨다. 물론 네 친구의 믿음이 중풍병자의 믿음을 대신했다고 한 것은 아니다. 구원은 전적으로 개인의 믿음에 따라 결정되는 것이기 때문이다. 본문을 보면 중풍병자의 신앙고백이 나오지 않는다. 네 친구들도 중풍병자의 치료를 위해 간 것이지 구원을 바라보고 간 것은 아니었다. 그럼에도, 예수님은 중풍병자의 구원을 선포하신 후에 치유의 축복을 내리셨다. 그리고 예수님은 굳이 네 친구의 믿음을 칭찬하셨다.

그것은 바로 구원의 공동체적 성격 때문이다. 따라서 마가복음 2장은 신앙공동체에서 교회가 지적장애인들에게 세례를 베풀 아주 좋은 근거가 된다. 중풍병자가 신앙고백을 할 수 없었던 상태에서도 예수님은 중풍병자에게 구원을 베푸셨기 때문이다.

따라서 신앙공동체가 예배와 교제를 통해 지적장애인들을 섬길 때 신앙공동체의 믿음을 보시고 지적장애인의 구원을 선포하신다고 보면 되겠다.

또 예수님께서 마지막 유월절 음식을 드시며 성만찬을 베푸셨을 때 열두제자들과 함께 떡을 떼시며 영원히 기념할 성례전을 가르치셨다.요한 13장 그때 구원받은 열한제자와 함께 가룟유다도 함께 떡을 떼며 성찬식에 참여하였다. 구원받지 못할 유다도 함께 한 것이다. 그렇다면 오늘날 우리가 시행하는 성만찬의 의미를 다시한번 새길 필요가 있다. 예수님은 단번에 죽으심으로 모든 자들을 위해 죽으셨다. 그의 몸과 피는 모든 사람들을 위한 것이다. 그렇다고 해서 모든 사람들이 구원을 받는다는 뜻은 아니다. 그러므로 성만찬은 주님의 이름으로 모인 믿음의 공동체 식구 모두에게 오픈되어야 한다는 뜻이다.

실제로 건강 때문에, 장애 때문에 오랫동안 병상에 누워 있거나 무의식 상태에 있으면 예배에 참석을 할 수 없다. 교회에 나와 세례침례의식에 참가할 수도 없다. 꼭 교회에 가서 성례에 참여해야 할까? 교회론을 다시 확인하는 것이 좋겠다. 교회는 건물이 아

니다. 하나님을 믿는 사람들의 무리이다. 따라서 병상에 누워있거
나 무의식 상태에 있으면 굳이 그들이 교회로 나오지 못하기 때문
에 예배를 드릴 수 없다거나 성례에 참여할 수 없다고 하지 말고
그들이 누워있는 곳에서 예배와 성례를 집전할 수도 있을 것이다.
이런 면에서 미국장로교PCUSA의 가정방문 예배 및 출장성례전 정
책은 탁월한 아이디어라고 본다.

믿을만한 신앙고백으로서 신앙공동체 안에 거함과 그 열매

이제 마지막 결론을 정리하며 신앙고백을 세례의 조건으로 삼
는 교회들에게 지적장애인들에게 성례의 문호를 개방하라고 강력
하게 권고하는 바이다.

지금까지 알아본 것처럼 믿을만한 신앙고백을 꼭 소리를 통해
표현할 필요는 없을 것이다. 글로 표현할 수도 있고 고개를 끄떡
이거나 손을 들어 표시하는 비언어적 표현으로도 가능하다. 앞에
서 언급한 것처럼 중증언어장애인일 때는 눈동자를 통해 컴퓨터
인식프로그램으로 말할 수도 있다.

신앙고백을 스스로 할 수 없는 상황에서는 꾸준한 예배참석만
으로도 신앙고백이 채택될 수 있고, 또는 예배 인도자의 판단 역
시 신앙고백으로 채택될 수 있다.

예배에 빠지지 않겠다고 난리를 부리거나, 예배시간에 좋다고
춤을 덩실덩실 춘다면 이보다 더 확실한 신앙고백이 어디 있겠는

가? 예배에 계속해서 참석하는 것만으로도 예배 공동체의 일원이 된 것으로 보고 신앙공동체의 축제인 성례전에 거부해야 할 이유가 없을 줄 안다.

한 가지 중요한 점을 추가해보자.

믿을 만한 신앙고백은 사실 고백자체에 있는 게 아니라 고백의 열매에 있는 것이다. 따라서 신앙고백으로는 진위여부를 가릴 수 없고 열매로만 판단할 수 있다. 이것은 예수님이 줄기차게 강조한 믿음의 중요한 요소다.

그렇다면 구원의 열매란 무엇인가?

그것은 성령이 내주하면서 맺게 하시는 열매이다. 그 열매는 본질적으로 소리로 확증되는 것이 아니다. 사실 성령의 열매의 특징들이 지적장애인들에게 훨씬 현저하게 나타는 것을 볼 수 있다.

사랑과 희락을 예를 들어 보자. 우리 딸 조이 같은 다운증후군 친구들은 하루 종일 즐겁다. 예배가 즐겁다. 찬양이 즐겁다. 하루 종일, 아니 한주 동안 예배를 드려도 지루해 하지 않는다. 아픈 사람이나 슬픈 사람들을 보면 함께 울고 아파한다. 목사인 나보다 훨씬 사랑이 많고 희락이 풍성하다. 그러나 신앙고백을 하지 못한다. 그렇다고 해서 성례전에서 제외시켜야 할까?!

지적장애인 사역을 하면서 절실히 느끼는 것은 이들의 성품이 산상수훈에서 말하는 천국시민의 성품에 훨씬 가깝다는 것이다. 어쩌면 이들은 이 세상을 살아가기에는 모자라는 능력을 가지고

태어났지만, 저 영원한 세상에는 아주 적합한 품성을 지니고 태어
났으니 이들이야말로 우리보다 멀리 보는 혜안을 가지고 태어났
다고 해야 할까?

4. 성찬에 관한 여러 견해와
  지적장애인을 위한 문호 개방

성찬의 성경적 근거

이제 주의 만찬에 대한 웨스트민스터 신앙고백서의 정의와 의미에 대해서 살펴보자.WCF 29.1

우리 주 예수께서 잡히시던 밤에 자기 살과 피에 대한 주의 만찬이라는 성례를 제정하셨다. 이 성례는 그분의 죽으심과 희생을 계속해서 기념하도록, 세상 끝 날까지 그분의 교회 안에서 보존되어야 한다. 이 성례는 그에게서 나오는 모든 유익을 참 신자들에게 인치는 것이고, 그분 안에서 그들을 영적으로 양육하고 성장시키는 것이고, 그분에게 빚진 모든 의무에 더 깊이 관여하게 하는 것이며, 그분의 신비로운 몸의 지체로서 그분과의 교통과 성도 간의 교통을 결속하고 맹세하는 것이다.고전11:23-26, 10:16-17,21, 12:13

여기 주의 만찬에서 가장 강조하는 점이 함께 먹는다는 것이다.식탁공동체 함께 먹는다는 것은 언약공동체의 전형적인 모습이다. 하나님은 먹는 것으로 그의 백성이 하나님의 언약백성이라는 생각을 주입하셨다. 광야에서 만나를 먹이신 것은 단지 배고픈 백성을 보살피신 사랑의 행위만은 아니었다. 그것은 하나님의 백성이 영원토록 먹어야 할 언약의 떡이신 예수 그리스도를 미리 예시하신 것이었다. 제사 역시 먹는 행위였다. 그것을 먹음으로써 하나님과 화목하게 되어 언약을 갱신하곤 했다. 이제 우리는 성찬을 통해 주님의 살을 먹고 피를 마시는 것이다. 그것은 바로 성찬이 그리스도가 주시는 새 언약이기 때문이다.눅22:20; 고전11:25 함께 예배드리는 지적장애인들을 유독 식탁공동체인 성찬에서 배제하는 것은 신앙 공동체의 일원이 되는 것 자체를 거부하는 것이다. 성찬에서 배제할 바에야 아예 예배 참석 차제를 거부해야 할 것 아닌가!

성찬은 또 감사의 시간이다. "Eucharist"란 뜻이 바로 감사한다는 뜻이다.마26:27; 고전11:24 감사는 하나님의 백성 된 존재에 대한 감사다. 또 주어진 조건을 감사함으로 받는 것이다. 건강한 신체와 정신을 주신 것에 대한 조건적 감사가 아니다. 범사에 감사하라는 것은 하나님이 주신 모든 조건에 감사하라는 것이다. 지적장애인들이 하는 순수한 감사가 눈물겨운 것은 바로 이 때문이다.

또 성찬은 영원한 천국잔치를 의미한다.고전11:26 성찬을 통해 지난날 하나님이 어떻게 인도하셨는가를 기념하고 오늘날 거룩한 성도의 교제가 얼마나 복되고 그리고 영원한 나라에서 영원히 그리스도와 더불어 먹고 마실 하나님나라를 사모하는 것이다.

이런 뜻을 종합하여 지적장애인들에게 적용하여볼 때 지적장애인들이 주의 만찬에 참여하는 것은 지극히 당연할 뿐만 아니라 오히려 일반인들보다 더 장려될 부분이라고 생각한다. 왜냐하면 성찬은 손으로 만지고 냄새를 맡고 맛을 보는 행위를 통해서 하나님의 은혜를 체험하는 시간이기 때문이다. 인간의 커뮤니케이션에서 비언어적 소통이 오히려 언어적 소통보다 많다고 한다. 지적장애인들은 언어적 요소보다는 주로 비언어적 요소로 소통한다. 성례전은 인간의 모든 육감을 통하여 주님을 아는 지식을 얻는 시간이다. 지적장애인들에게는 어떤 다른 학습방법보다는 하나님을 체험할 수 있는 최고의 시간이 아닌가 싶다. 이런 좋은 학습의 기회마저 박탈한다면 어떤 더 좋은 다른 방법으로 하나님을 알게 할 수 있을까? 아마도 없을 것 같다. 그렇다. 주님도 우리에게 말씀으로만 다가오시는 것이 아니라 꿈으로, 비전으로, 눈물로 다가오기도 하신다. 언어적 요소로만 하나님을 이해할 수 있다는 생각에서 발상의 전환을 해야 한다. 더욱이 지금은 시각의 시대이다. 성찬은 시각을 통해 평생 잊지 못할 기억을 제공하는 시간이다. 예수님께서 성찬의 의미를 제자들에게 설명하시려고 친히 떡을 떼어 먹이시고 잔을 부어주셨다. 성찬의 의미를 이미 아는 제자들에게 기념하신 것이 아니었다. 성찬을 통해 그 의미를 가르침 받은 것이다. 따라서 지적장애인들이 성찬에 참여함으로써 그 의미를 점점 더 알아갈 것이다. 물론 지적장애의 특성상 천천히 매우 천천히 배울 것이다. 그러기에 그들을 더욱 더 열심히 성례전에 참여시켜야 할 것이다.

성찬을 이해하는 여러 견해

성찬에서 하나님이 임재하시는 방법을 이해하는 데 의견이 나뉜다.

화체설

로마 가톨릭 교회에서 채택하는 교리로서 사제의 축성의 순간에, 빵과 포도주의 형상모양, 맛, 냄새은 그대로이나, 질료실체, sub-stance는 그리스도의 몸과 피로 변한다고 보는 견해이다. 이는 아리스토텔레스의 실체와 우유성이라는 개념적 토대 위에 기초한다.

공재설

루터는 빵과 그리스도의 몸, 양자가 모두 동시적으로 현존한다고 보는 공재설을 주장한다. 루터는 화체설을 거부하면서도 제단과 빵과 포도주 안에 그리스도가 실제로 현존한다고 주장하였다. 이와 관련해서 루터는 그리스도 몸의 편만성, 즉 모든 곳에 그리스도는 현존한다라는 이론을 발전시켰다.

영적 임재설효력설

칼빈과 웨슬리가 받아들인 견해로, 떡과 포도주는 하나의 상징이지만, 성령을 통해 믿음으로 받아들이면 예수 그리스도의 피와 살을 받아들이는 효력이 있다고 본다. 칼빈은 루터의 공재설을 비판하여 육체적 임재현존를 부인하나, 성령의 임재를 통해 그리스도의 현존을 체험할 수 있다고 보았다. 웨슬리는 그리스도는 육체적으로 임재하시는 것이 아니라, 성령을 통해 영적으로 임재한다고 보았다. 이런 관점에서 볼 때 성만찬은 성령에 의해 우리가 그리스도의 몸과 피에 참여하는 것으로서 그리스도인의 영적 양식이 된다.

상징설기념설

쯔빙글리에게 성찬은 그리스도의 고난과 희생에 대한 기념일 뿐이다. 성찬식의 빵과 포도주는 예수 그리스도의 몸과 피에 대한 상징일 뿐이다. 그는 "이것은 내 몸이다"마26:26라는 예수 그리스도의 말씀은 상징적, 비유적, 은유적인 표현으로 성찬에서 "그리스도의 실제적 임재"라는 관념을 배격하였다.

어떤 태도를 취하든 간에 중요한 포인트는 성찬을 통해 하나님의 임재를 경험한다는 점이다. 하나님의 임재의 방법에 대해서는 그토록 똑똑한 사람들 간에도 이처럼 서로 이해가 다르다. 그러니까 그런 합치되지 않는 문제에 집착하다가 성찬 그 자체의 기쁨에 동참하지 못한다면 곧 바로 영적식탁에 앉아 즐기는 편이 나을 것이다. 우리 지적장애인들은 정말 먹는 것을 좋아한다. 따라서 그들은 먹는 것이 얼마나 좋다는 것을 안다. 하늘나라의 잔치의 기쁨을 먹는 것으로 가르칠 수 있으니 천국을 상상만 해도 즐거워한다. 이런 면에서 이들이 보통사람들보다 천국에 대한 이해도와 친밀도가 높다고 볼 수 있다.

지적장애인들의 성찬 참여를 위한 실제적 조언

일반적으로 성찬은 세례를 받은 자에게 베푸는 것이 관행인 교회에서는 지적장애인들의 성찬참여에 대해 세례문제를 해결하면 되므로 성찬에 대한 신학적 논의에 주목할 필요는 없을 것이다. 그러나 성찬참여 조건을 세례를 받은 사람에 제한하지 않고, 성찬식 당일 예수 그리스도를 구주를 고백하는 모든 사람에게 오픈하는 교회에서는 지적장애인에 대해 어떤 태도를 취하여야 할까? 굳이 세례를 전제조건으로 하지 않는 교회라면 공동체의식을 중요시하는 교회가 대부분이므로 공동체에 함께 자리를 한 모든 식구가 성찬에 함께 참여하는 것은 너무나도 자연스러운 일이다.

또 성례가 신앙공동체의 입문이라고 생각한다면 성찬은 모든 식구의 축제라고 말할 수 있다. 따라서 그동안 성례에서 배제되고 소홀하게 취급당했던 소외된 자들을 축제의 중심으로 이끎으로써 공동체의 영적 질을 더 높여 나갈 수 있을 것이다.

5. 지적 장애인을 위한 성례전–실제적 사례

가톨릭

일반적으로 가톨릭의 규범에 따르면 성례는 "일상의 빵과 성례의 빵을 구분할 수 있어야 하고, 성례의 권위를 인정할 만한 정신적 발달에 이르러야 한다." 또한 "이들은 예수 그리스도의 신비한 몸을 받아들일 만한 믿음이 있어야 한다."라고 규정한다. 그럼에도, 오늘날 많은 가톨릭 교회는 장애를 이유로 성례전에서 제외되는 것은 불공평하다는 견해를 밝히면서 지적장애인들의 성례전 참여를 허용한다. 즉 1)지적장애인들이 성례전에 참여하고자 하는 의사를 밝힐 때, 그리고 성례전에 대한 어느 정도의 존경심을 가질 때, 2)장애정도가 아주 심하지만, 성찬에 참여할 수 있는 정도라면 아무런 조건 없이 참여시킨다. 3)그러나 참가자는 성찬의 떡과 잔이 일상 음식과 다르다는 것을 구분할 수 있어야 하는데, 그 의사표시는 말이나 제스처 또는 말을 하지 못한다면 경건한 침묵으로 표현할 수 있다. 4)바른 결정을 내리도록 교회는 부모나 보호자, 그리고 심리학자, 교회학교 교사 등과 상담하여 결정한다. 5)이 결정에서 성찬참가 준비가 아직 이르다는 판단이 서면 당사자에게 그 이유를 잘 설명해주어야 한다. 6)결정을 내리기 어려운 때에는 성례전을 참가하기 원하는 본인의 권리를 존중한다. 7)장애 그 자체가 성례전 참여를 결정하는 기준이 되어서는 안 된다.[5]

하나님의 백성이란 아이와 어른, 비장애인과 장애인 모두를 포함하고, 지역과 인종과 신분에 관계없이 살아가는 공동체다. 그래서 미국장로교 총회는 "우리"We를 교회 공동체라고 할 때, 결코 장애인을 배제하거나 제외시키지 않아야 한다고 선언하였다.

> "우리"We는 장애가 있는 사람과 장애가 없는 사람 모두를 포함한다. "장애"는 신체적 혹은 정신적으로 주요활동에 어려움을 가지는 모든 종류의 상태를 말한다. "세례"는 장애에 관계없이 베풀어져야 한다.

교회 안에서 모든 지체는 동일한 성령으로부터 다양한 은사를 받는데, 모든 지체는 이로써 피차 섬기는 바, 장애인 역시 이 지체들 가운데 한 사람이다.고전12:4-7,12,24-26 그리고 모든 인간은 상호 의존적인 관계 속에서 살아가는 바, 장애인 역시 다른 사람들과 의존적인 관계에서 살아간다.

미국장로교 총회는 이상과 같은 통합적 교회공동체Inclusive Church Community를 전제하면서, 개혁교회 전통은 누구나 세례를 받음으로써 교회 공동체 안으로 영입되고, 세례란 새로운 지체로 하여금 교회, 즉 그리스도의 몸에 속한다는 사실을 나타내는 의식이라는 점을 분명히 하였다. 미국장로교총회는 다음과 같은 점에 주목하였다.

즉, 말로나 행동으로는 그 어떤 반응도 보일 수 없는 장애인들에게도 세례를 주어야 한다. 칼빈의 주장도 하나님의 선택은 측량할 수 없는 하나님의 은혜에 근거한다는 것이기 때문에 세례는 모든 사람을 향한 것임을 보증하고 선포하는 행위다. 장애인도 하나님의 형상을 가진 사람이다. 하나님의 형상은 신체적 혹은 정신적 특징을 조건으로 제시하지 않는다. 장애인은 다른 사람의 도움을 필요로 한다. 그러나 일반인도 다른 사람의 도움을 필요로 하기는 마찬가지이다.

아나뱁티스트Anabaptist

신자의 신앙고백을 토대로 한 세례를 가장 엄격하게 시행하기로 알려진 아나뱁티스트의 최근 동향을 보면 신자의 신앙고백을 근거로 세례를 베푸는 침례교 계통의 교회들에게 큰 도전이 될 듯하다.

아나뱁티스트는 전통적으로 세례의 요건으로 "회개함, 용서받음, 악을 멀리함, 죄에 대해 죽음"7)을 전제조건으로 한다. 이런 조건은 역시 이성적 판단이 작용하게 된다. 그렇다면 용서라든가 악을 멀리함과 같은 추상적 개념을 알지 못하는 지적장애인에게는 세례를 베풀 수 없단 말인가? 최근 아나뱁티스트의 공식 견해에 따르면 세례를 인지능력의 범주에 가두는 것은 잘못이다. 세례는 오히려 사람을 구원으로 이끄는 요인으로 작용한다. 지금까지 지적장애인들에게 세례를 베풀지 않은 것도 다분히 문화적 이해에서 온 것이다. 갈라디아서 3장 2절이 하나님나라에서 모든 계층간 차별을 금지한다면 장애인과 비장애인의 차별금지도 당연히 포함되어야 한다. 장애인의 특성인 의존성과 깨지기 쉬움은 오히려 하나님나라의 특성 아닌가? 이제 우리는 어떤 때에 지적장애인에게 세례를 베풀어야할까라는 질문을 과연 지적장애인들의 존재가 없는 교회가 과연 진정한 교회인가라는 질문으로 바꾸어야 한다.[8]

미국개혁교단(Christian Reformed Church [9])

미국개혁교단은 나이와 지적능력에 상응하는 기준[10]을 마련해서 어린이들과 지적장애인들이 성례에 참여하는 것을 적극적으로 권장한다는 정책을 수립하였다. 즉 다시 말하면 지적장애인들에게는 그들에 맞는 기준으로 성례를 시행한다는 것이다. 그 논리는 다음과 같다.

첫째, 이런 새로운 정책은 지금까지 전통적 성례의 기준으로 지나치게 지적능력을 중시하던 것에서 탈피하려는 시도이다.

둘째, 그 누구도 성례의 신비한 깊이를 다 이해할 수 없다. 따라서 어린이나 지적장애인은 그 나름대로, 성인은 성인 나름대로 하나님의 신비함을 체험하는 방법이 다르다는 것을 인정해야 한다.

셋째, 나이와 능력에 상응하는 기준이란, 결국 이해의 성장을 내포하기 때문에 배움과 연륜을 통해 믿음의 이해도 자랄 것이라는 믿음을 함유한다. 따라서 교회 공동체가 함께 배우고 함께 성장하면서 하나님을 아는 지식에 자라감을 체험하도록 해야한다는 것이다. 이런 원리는 장애를 가지지 않은 일반성도 역시 영적 성장을 게을리 할 때, 영적 장애에 머무름을 상기시켜 주는 교훈이 될 것이다.

결론적으로 나이와 능력에 상응하는 접근법이란, 어린이나 장애인 또는 치매환자에게는 성례 참여기준을 낮춘다는 의미가 아니다. 오히려 모든 믿는 자에게 적용되는 원리로서 각자의 눈높이에 맞는 기준을 세워 그로 하여금 믿음이 자라도록 돕는 역할을 한다는 것이다.

대한예수교장로회[11]

대한예수교장로회는 다음과 같은 견해를 표명하였다.

지적장애인 중에는 음성 언어 혹은 행동 언어로 자신의 고백이나 반응을 보일 수 있는 장애인이 있는 반면에 어떤 언어로도 자신의 신앙을 표현하기 어려운 장애인도 있다. 전자는 일정기간 적절한 교육과정을 거쳐 세례가 가능하지만, 후자는 돌보는 사람 혹은 가족의 믿음과 돌봄에 대한 약속, 그리고 이와 더불어 교회 공동체의 믿음과 돌봄에 대한 약속을 통해서 세례가 가능하다. 세례는 수세자를 신앙공동체의 일원으로 받아들이는 예식이다. 즉 교회는 지적장애인과 같은 자신의 이성과 의지로 신앙고백을 할 수

없는 자라도 하나님이 그를 창조하신 것과 하나님의 구원의 역사
가 인간이 알 수 없는 성령의 신비한 역사를 통하여 일함을 믿고
받아들여야 한다. 왜냐하면 교회는 피부색깔, 언어, 성별, 그리고
장애와 비장애를 기준으로 차별하지 않는 하나님나라 백성이 모
인 통합공동체Inclusive Community이기 때문이다. 따라서 교회는 성
령의 역사하심을 믿고, 그 믿음을 통해 지적장애인에게 세례를 베
풀어 그를 교회 공동체의 일원으로 받아들일 뿐 아니라, 그의 신
앙의 성장을 위하여 기도와 사랑으로 돌볼 책임을 감당해야 한다.

6. 예배 접근권 보장

지금 현대의 장애법은 장애인도 일반인이 누리는 모든 권리에 접근하도록 하는 것이 기본 정신이다. 즉 신체적 장애 때문에 가고 싶은 곳에 갈 수 없다면 그들이 접근할 수 있도록 교통수단을 제공하고 건물을 고쳐 그들이 이용하도록 하는 것이다. 문화와 예술에도 같은 원리가 적용된다. 시각장애인이 영화라는 문화적 활동에 접근하도록 묘사영화12)를 만들어 주고, 청각장애인이 영화를 즐기도록 클로즈드 캡션closed caption을 제공한다. 하반신 마비자라도 그들이 스키나 제트스키를 즐기고자 하면 그들을 위해서 특수 장치를 만들어 운동을 즐기도록 배려하는 것이 바로 접근권의 원리이다. 그러나 접근권을 배려했는데도 사용하지 않는다면 그때는 선택의 원리가 적용된다.

이 원리는 일반인에게도 똑같이 적용된다. 접근권이란 기회를 균등히 준다는 뜻이다. 기회가 주어졌는데도 혜택을 누리지 않는다면 그것은 본인의 선택으로 주어진 불이익이 된다. 그러나 기회나 접근권 조차 주어지지 않아서 선택을 할 수 없다면 그때는 불공정이 되고 만다.

같은 원리가 예배에도 똑같이 적용된다. 장애인이 장애 때문에 예배에 접근할 수 없다면, 그들로 하여금 예배에 접근할 수 있도록 해주는 것은 교회의 책임이다.

　이제 아무리 중증장애인이라 할지라도 예배에 접근할 기회를 제공하고 편의를 만들어 주어야 한다. 하나님이 장애를 예배의 기준으로 삼으신 일이 없기 때문이다. 지적장애인의 구원에 대해서 이제 아무도 함부로 판단해서는 안 된다. 이것은 예배에 참석하는 교인이라 할지라고 그들의 구원을 우리가 섣불리 판단할 수 없는 이치와 같기 때문이다.

1) WCF 27.3

2) John T. McNeill, ed., *Calvin: Institutes of the Christian Religion* [Philadelphia: Westminster Press, 1960], 4.15.1, p. 1303).

3) *Institutes* 4.16.20--23, pp. 1342-47.

4) Vern Poythress. "Indifferentism and Rigorism in the Church: With Implications for Baptizing Small Children", *Westminster Theological Journal*(1997).

5) United States Catholic Conference 1995. GUIDELINES FOR THE CELEBRATION OF THE SACRAMENTS WITH PERSONS WITH DISABILITIES. 장애인과 함께 하는 성찬축제 가이드라인

6) PCUSA. 2000. Resolution on Disabilities: A Celebration of That All May Enter. 장애문제해결: 모든 사람이 들어가는 천국축제

7) *Confession of Faith in a Mennonite Perspective* (Herald Press, 1995).

8) Melissa Florer-Bixler. *Baptism and Profound Disability*(Anabaptist Disability Network AD note. December 2011).

9) http://www.crcna.org/ 세례편을 참조하라

10) age- and ability- appropriate. 년령과 능력에 준하는

11) 정신지체인(발달장애인)의 세례에 대한 지침 (대한예수교장로회총회, 2005).

12) 시각장애인을 위한 묘사영화는 영화의 장면 특히 대화가 없는 영상에 대해서 영화의 장면을 설명해 줌으로서 시각장애인들이 이어폰을 통해 영화를 즐기도록 만든 영화를 말한다.

문답으로 풀어보는
지적장애인의
구원과 성례문제

부록

1. 지적장애란?

정신지체 용어를 대체한 새로운 용어이다.

***한국 특수교육 진흥법의 정의**

지적장애를 지닌 특수교육대상자를 보면 지능검사 결과 지능지수가 75이하, 적응행동에 결함을 지닌 자를 "지적장애인" 이라고 뜻함.

***한국 장애인 복지법의 정의2010**

정신발육이 항구적으로 지체되어 지적 능력의 발달이 불충분하거나 불완전하고 자신의 일을 처리하는 것과 사회생활에의 적응이 상당히 곤란한 사람.

***미국 지적장애협회의 정의2002**

"지적 장애란 지적 기능과 개념적, 사회적, 실질적 적응기술에 나타나는 적응행동 양 영역에서 유의미한 제한성을 가진 장애로 18세 이전에 나타나는 것"을 의미한다. 지적 기능은 학습하고, 문제 풀고, 지식을 쌓고, 새로운 상황에 적응하고, 추상적으로 사고하는 능력 등의 집합으로 개념화 될 수 있다. 개념적 기술이란 언어, 읽기와 쓰기, 화폐의 개념, 자율성 등을 의미하고, 사회적 기술이란 대인관계, 책임감, 자존감, 규칙 따르기 등을 의미하며, 실

질적 기술이란 기초생활기능,식사, 배설, 착·탈의 등 일상생활 도구
활용, 작업 기술, 안전유지 등을 의미한다.

2. 지적장애인에 대한 바른 호칭은 무엇인가?

바로 이전에는 지적장애인을 정신지체인이라 불렀지만, 정신
박약이라는 말로도 많이 불렀다. 이제는 피해야할 호칭이다. 옛날
에는 '백치', '치우', '우둔', '바보'로 불리기도 했다. 지적장애인
을 진정 사랑한다면, 이제 그들의 인격을 존중해서 이런 비하하는
호칭은 절대로 삼가야 한다. 그냥 이름을 부르는 게 제일 좋고, 꼭
장애의 종류를 말해야할 때가 있을 때는 지적장애를 가진 형제,자
매 친구라고 하면 된다.

3. 지적장애에는 어떤 장애가 포함되는가?

지적장애에는 자폐, 다운증후군, 정신지체 등이 포함된다. 그
러나 일부 뇌성마미뇌병변장애와 간질장애 역시 지적장애를 유발하
므로 국제적으로는 지적장애 범주에 넣는다. 본서에서 사용하는
지적장애의 정의는 어떤 장애의 종류가 되었든지 인지능력이 현
저하게 떨어져 특수교육의 도움을 받아야만 하는 때를 말한다.

4. 지적장애는 유전되는가?

아직도 지적장애가 유전된다고 믿는 사람들이 의외로 많다. 다운증후군은 염색체 변이로 말미암아 지적장애가 생기지만, 염색체이상이라고 해서 유전되는 건 아니다. 따라서 유전병이 아니다. 지적 장애를 유발하는 장애 중에 유전되는 것이 없지는 않지만, 대부분 유전되지 않는다.

5. 지적장애는 전염되는가?

장애는 전염병이 아니다.

6. 장애는 고칠 수 있는가?

장애와 병을 아직도 구별하지 못하는 사람들이 많다. 병은 고칠 수 있는 몸의 고장이고 장애는 고칠 수 없는 몸의 고장을 말한다. 그러므로 병으로 시작했더라도 고칠 수 없는 만성의 상태가 되면 장애로 판정받는다. 따라서 장애로 판정 받았다면 의학적으로는 고칠 수 없는 상태를 말한다. 사람은 살아가면서 언젠가 한번은 다 장애인이 된다.

7. 장애는 기도로 고침 받아야 하는가?

많은 사람이 장애도 고침 받아야 한다고 생각한다. 물론 능치 못하심이 없으신 하나님이 장애를 고치실 수도 있다. 하지만, 장애를 고쳐야만 하나님께 영광을 돌릴 수 있다고 장애인들이나 그 부모에게 끊임없이 강요하는 일은 없어야 한다. 너무도 많은 장애 가족들이 장애를 고쳐보겠다고 일평생 기도원과 신유집회를 쫓아다니다가 삶의 의욕을 잃고 신앙심마저 내팽개친 가운데 있다. 교회가 하나님의 전능성과 신자의 믿음을 강조하며 장애도 기도로 능히 고칠 수 있다고 강조하는 것은 이해하지만, 아직 믿음과 헌신이 덜되어 장애를 고치지 못한다고 눈총과 압력을 주어서는 안된다. 이런 일로 시험을 받아 신앙을 등지는 때가 허다하기 때문이다.

장애를 고쳐달라고 기도하는 것은 잘못된 것이 아니지만, 하나님은 장애를 그대로 가지고 살라고도 하신다. 바울사도의 모범을 따를 것을 권한다. 바울도 자신의 장애를 고쳐달라고 세 번 기도했으나 하나님은 고쳐주시지 않으셨다. 그럼에도, 바울은 장애를 가지고도 하나님께 크게 쓰임 받았다. 실제로 하나님은 장애를 고치시지 않고 그대로 두는 때가 대부분이다. 그것도 하나님의 주권이기 때문이다. 그러므로 장애를 고쳐보려고 신유만 찾아다니는 등 헛된 삶을 살지 않도록 교회가 특별한 관심을 기울여야 한다.

장애가 낫지 않는다고 믿음이 없다고 단정하는 교회의 분위기는
반드시 고쳐져야 한다.

8. 장애는 죄 때문에 생기는가?

장애는 죄 때문에 생긴다는 다분히 문화적인 생각 때문에 장애
인과 장애가족들이 너무나 큰 고통을 받는다. 이 세상의 모든 부
조화는 세상에 들어온 원죄 때문에 생긴다는 관점에서 말한다면
장애도 죄 때문에 생긴다고 말할 수는 있다. 그러나 장애가 본인
또는 부모의 어떤 특정한 죄 때문에 생긴다고 믿는 것은 예수님의
뜻이 아니다. 요9:1-3

만일 특정한 죄 때문에 벌로 장애가 생긴 것이라면 아마도 전
세계 모든 사람이 장애인이 되어야 할 것이다. 제발 더 이상 장애
인이나 그 가족들이 죄를 많이 지어 벌 받은 사람이라고 단정하지
말자.

장애자녀를 둔 부모는 일차적으로 장애자녀를 낳았다는 이유
하나만으로 가족과 사회에서 따가운 시선을 받는다. 또 장애는 부
모의 죄 때문에 생긴다는 문화적 통념과 교회의 전통적 이해로 말
미암아 지울 수 없는 죄의식 속에 살고 있다. 더욱이 그들은 장애
쯤이야 믿음과 기도로 쉽게(?) 낫게 할 수 있다는 교회적 가르침
가운데 아이가 아직도 낫지 않는 것은 자신의 믿음과 기도 그리고

헌신이 부족해서 그렇다는 또 하나의 죄짐을 안고 살아가는 실정
이다.

9. 지적장애인이 성례전에 참여하는 기준은 무엇인가?

본문에서 자세히 다룬 것처럼 지적장애인의 성례전 참여문제
는 전적으로 하나님의 절대적 주권이라는 틀 속에서 이해하여야
한다.

첫째, 하나님은 장애인과 비장애인의 구원문제를 따로 다루신
일도 없고, 구원의 쿼터를 따로 정하신 일도 없으시니 장애인이나
비장애인의 구원문제는 따로 생각할 수 없다.

둘째, 따라서 하나님이 지적장애인을 구원에서 배제한다고 할
만한 성경적 근거를 찾지 못한다면 지적장애인들을 위한 성례전
을 적극 실시하여야 한다.

셋째, 그러므로 기존의 교회법으로는 제외될 수밖에 없는 지적
장애인들을 위한 성례전 규칙을 하루속히 만들어야 한다. 장애라
는 이유로 하나님의 거룩한 성례전에 참여할 수 없다는 것은 비성
경적이자 장애인의 가장 소중한 권리를 박탈하는 것이다.

10. 언어 표현 능력이 있는 지적장애인은 인지능력이 얼마나
    되어야 그의 신앙고백을 진정한 고백으로 받아들일 수 있
    나?

지적장애를 IQ로 판단할 때 70~75이하일 때 지적장애인의 범
주에 넣는다. 어느 나라를 막론하고 지적장애인의 말은 대부분 재
판에서 증거로 채택하지 않는다.

또 일반적으로 IQ가 높더라도 10세 미만 미성년자의 고백은 증
거로 채택할 수 없다는 태도이다. 지적장애인의 정신연령이 대부
분 10세 미만이기 때문에 지적장애인의 진술을 증거로 채택하는
사례는 매우 드물다. 이런 판단의 기준을 성례에도 적용할 수 있
을까?

인지능력이 떨어지는 발달장애인이 비록 의사소통을 하는 정
도의 표현능력을 가졌어도 십자가의 도와 같은 추상적 개념을 이
해할 정도는 아니라고 보고 성례전 참여를 거부하는 것이 지금까
지 사회와 교회의 전통이다.

하지만, IQ라는 측정수단으로 신앙고백 능력을 결정한다는 것
은 부적절하고 매우 위험한 일일 뿐 아니라, 매우 무책임하고 지
적장애인들에게 잔인한 일이다. IQ 측정이 내면의 정서수준을 측
정하거나 양심이라든가 신앙과 같은 영적 수준을 측정하는 데는
전혀 쓰일 수 없는 불합리한 도구라는 데는 전문가들 간에 이견이

없다.

지적장애인들 역시 자신의 생각을 표현하는 독특한 방법이 있다. 따라서 그들의 표현방법을 존중하고 이해함으로써 그들의 믿음을 측정하는 방법도 이제는 교회가 고려해야 한다.

11. 세례를 받으려면 지적장애인들도 꼭 세례문답을 통과하여야 하나?

현행 교회법이나 관습으로는 세례를 받으려면 반드시 세례문답 절차를 거쳐야 한다. 지적장애인들로서는 넘기 어려운 벽이다. 또 교회의 처지에서도 지적장애인을 위한 세례지침이 정해지지 않은 상태에서 어떻게 그들의 신앙을 판단해야 할 지 난감하다. 따라서 이제 교단별로 성례지침이 마련되어야 한다고 보고, 이 책자가 작은 발판을 제공하고자 한다.

주로 당회원으로 구성된 세례문답 위원들 역시 지적장애에 대한 상식이 없고, 더욱이 그들의 구원문제를 진지하게 고심해 본 일이 없는 관계로 대개는 규칙을 내세워 세례 베푸는 것을 꺼린다. 자칫 잘못해서 엉터리 세례를 주면 어쩌나하는 노파심도 많이 작용하는 것 같다. 그러한 생각은 마치 당회가 교인들의 구원 증서를 준다고 생각하니까 그런 것이다. 세례문답은 결코 구원증서 발급을 위한 입시가 아니라는 점을 분명히 해두자.

지금까지 본문에서 살펴본 바에 의하면 굳이 세례문답이라는 과정을 거치지 않더라도 지적장애인에게 성례를 베푸는 데 걸림돌은 없을 것이다. 그럼에도, 신앙고백을 통해야만 세례를 베푸는 진영을 위해서 몇 가지 실제적 제안을 한다면, 첫째 자신의 생각을 어느 정도 표현할 줄 아는 지적장애인이라면 진지하게 귀를 기울여 그가 어떤 신앙관을 가졌는지 파악하는 것도 도움이 되고, 더 중요한 것은 그동안 교회생활을 통해 그가 성령의 사람으로 어떤 증거를 나타내 보였는가에 대한 주변사람들의 증거를 수집하는 일이 매우 중요하다. 즉 부모 형제, 그리고 교사라든가 구역식구 등을 통해 그의 믿음의 진정성을 파악할 수 있을 것이다.

둘째, 언어능력이 부족하거나 아예 없는데, 신앙고백을 반드시 소리 언어로만 해야 한다고 주장한다면 그건 커뮤니케이션의 일반상식에도 벗어나는 일이다. 사람의 커뮤니케이션 중 언어가 차지하는 비율이 오히려 비언어적 커뮤니케이션보다 낮다는 사실은 이미 알려진 사실이다. 따라서 신앙고백을 측정하는 방법으로 언어 외에 다른 커뮤니케이션의 수단을 통해 검증할 수 있다.

수화를 사용하는 농아인은 소리 내어 말을 전혀 하지 못해도 그들은 엄연히 수화라는 언어를 사용해서 그들의 생각을 표현할 수 있다. 마찬가지로 지적장애인들도 자신들만의 독특한 언어를 사용하여 자신들의 생각을 표현할 수 있다. 이미 특수교육현장에서 쓰이는 그림교환방법이라든가, 얼굴 표정이나 바디 랭귀지 등을 통해 그들의 생각을 읽을 수 있다.

필자는 거의 식물인간같이 얼굴표정이나 눈동자의 움직임도 없고 누워만 있는 아주 심한 상황의 지적장애인도, 예배시간에 눈가에 눈물이 고이는 것을 보았다. 하나님의 특별하신 은혜를 체험한 증거라고 말할 수 있다.

12. 세례문답에 지적장애인들을 위한 특별기법을 사용할 수 있는가?

참으로 테크니컬한 문제이다. 지적장애인을 위한 세례에 오픈된 마인드를 가진 교회에서도 막상 지적장애인들을 성례에 동참시키고자 할 때 세례문답이라는 절차를 반드시 통과해야 하는 교회적 절차의 딜레마가 있다. 부모나 교사 모두 특정 지적장애인이 하나님의 사람이라는 데 동의를 해도, 심지어는 담임교역자가 세례를 베풀고자 하는 데도 당회원으로 구성된 문답위원에게 거절당한 사례를 여럿 보았다. 당회원으로 이루어진 문답위원들이 새신자반을 위해 만든 세례문답 예제에서 몇 문제를 물어보아도 답을 하지 못하고 횡설수설 또는 엉뚱한 소리를 하거나 아예 말을 하지 못하는 지적장애인을 보고 신앙고백이나 성경의 기초도 모르는 사람에게 어떻게 세례를 베풀겠는가 하고 거부를 하게 마련이다. 결코 장애인이라고 차별해서가 아니라 신앙고백을 하지 못하면 절대 세례를 베풀 수 없다는 태도를 고수하는 당회원들이 아직도 많다. 슬픈 현실이다.

평소 신앙생활의 관찰을 통해 세례 받을만하다고 판단되는 지적장애인들에게 꼭 세례문답이라는 절차를 거쳐야 하는 것일까? 세례문답은 신앙고백을 확인하는 절차이지만, 필수라고 보기는 어렵다. 성경에도 신앙고백이 확인되는 그 순간 바로 세례를 베풀지 않았던가? 그러나 오늘날 세례를 주려면 세례문답을 거쳐야 한다는 규정 때문에 몇몇 교회에서는 지적장애인들의 세례문답을 위해 특별기법을 쓰는 것을 보았다. 즉 꾀를 내서자신들은 지혜를 짠 것이라고 하지만 세례문답 통과를 위한 작전을 수립한 것이다. 현장 사역자들의 고민이다.

말로 자신의 생각을 표현하지 못하는 한 자폐아 학생의 세례문답을 위해서 담당교역자는 특별히 시청각 자료로 하나는 천국, 하나는 지옥 그림을 그렸다. "예수님 믿으면 어디가지요?"라고 교사가 물었더니 그 학생은 천국그림을 집었다. 이번엔 "누굴 믿어야 하늘나라에 가지요?"라고 물었더니 예수님 그림과 군인 그림 중에서 예수님 그림을 집어 들었다. 몇 가지 질문에 모두 바른 그림을 집어 들었다. 알고 보니 이 아이는 무조건 왼편에 놓인 것만 집는 버릇이 있었다. 그것을 안 담당교역자가 그것을 이용한 것이다. 아니나 다를까. 반대로 놓아보았다. 그랬더니 엉뚱한 그림을 집었다.

또 어떤 아이는 말은 할 수 있는 데, 무조건 나중에 나오는 선택에 대답을 하는 아이였다. 즉 "예수님을 믿으면 지옥 가나요? 천국가나요?" "천국." "누굴 믿어야 천국가나요? 친구일까? 예수님일까?" "예수님." 거구로 질문을 했더니 어김없이 나중 것을 말했다.

어떤 아이는 무조건 "예수님 좋아"만 외쳤다. 모든 질문에 "예수님 좋아"였다. 그래서 이 아이를 위해서 질문을 만들었다. "누굴 믿어야 천국가지?" "너는 누굴 믿지?" "예수님 미워하면 될까?" 이런 질문을 함으로써 원하는 답을 듣고 문답을 통과시켰다.

교회는 반드시 문답절차를 거쳐야한다니까 고육지책으로 짜낸 작전이지만, 정말 그렇게까지 할 필요가 있을까? 절차통과를 위해 편법을 하나 더 창안하는 죄를 범하는 것은 아닐까? 교회들이여, 목회자들이여, 당회원들이여, 부디 전통적인 생각의 틀을 깨고 나오셨으면 좋겠다. 그러므로 신앙고백을 꼭 언어로 표현해야 한다는 원칙을 고수하지 않았으면 좋겠다. 사실 위에 예로 든 모든 지적장애친구는 부모가 독실한 신자임은 말할 것도 없고, 아이들도 예배를 거르기라도 하면 오히려 부모에게 난리를 치는 친구들이다. 그런 친구들에게 어떤 논리로 구원이 없다고 단정할 수 있을까? 어떤 근거로 이들에게 세례 주는 것을 거부해야 할까? 서로 민망함만 더하는 문답과정을 차라리 생략하는 게 낫지 않을까?

13. 세례를 받지 않으면 구원을 확신할 수 없는가?

이 질문은 교단이나 교파 또는 교회의 신조에 따라 약간 다른 대답이 나올 수는 있어도 세례의식 자체가 구원을 가져다주는 것이 아니라는 점에는 이견이 없을 줄 안다.

14. 지적장애인들은 모두 구원을 받는가?

지적장애인들을 백치나 정신박약아와 같이 비하하는 것도 문제지만, 때로는 장애인들을 천사와 같이 생각하는 것도 잘못이다. 지적장애인은 의도적으로 죄를 지을 수가 없으니 의인이며 따라서 천국직행이라고 생각하는 사람들도 있다.

지적장애인이라고 해서 구원을 보장받는다거나 보통사람들보다 유리한 위치에 있는 것도 아니다. 어떤 이들은 지적장애인들은 영아와 같은 이치로 천국에 간다고 생각한다.

즉 태어났다가 며칠 살지 못하고 죽은 영아는 이 아이는 죄 지을 시간도 없고, 또 세례 받고 신앙을 고백할 기회도 주어지지 않았기 때문에 당연히 천국에 가는 것으로 이해하여야 한다고 주장한다.

그러나 구원은 하나님의 주권에 속한 일. 그러므로 영아라고 천국을 보장받거나 지적장애인이라고 구원을 보장받는 것은 아니다. 모두가 죄인이라는 것에서 시작해야 한다.

15. 입으로 신앙고백을 하지 못하는 지적장애인들은 세례를 받을 수 없는가?

신앙고백의 방법이 꼭 소리를 담은 언어를 통해야만 한다면 지적장애인들이 세례를 받을 길이 원천적으로 봉쇄되고 만다. 하지만, 신앙고백은 소리를 담은 언어가 아니어도 얼마든지 가능하다. 더 나아가 아무런 표현도 하지 못하는 중증장애인도 그의 신앙을 판단할 수 있는 방법은 여전히 있다.

다만 안전과 건덕을 중요시하는 때에는 교회의 판단에 따르도록 해야 하겠지만, 그럼에도 아무리 중증장애인이라 할지라도 예배 접근권은 반드시 보장해 주어야 한다. 구원은 오직 하나님께 있으므로 말로 하는 신앙고백 그 자체만으로는 사람의 구원을 확증할 수 없다. 유창하게 신앙고백하고 세례(침례)를 받고도 믿지 않는 자나 군대 같은 데서 믿음도 없이 합동 세례를 받는 때도 있지 않은가? 그러므로 세례 받았다고 구원 받은 증거라고 하거나 세례를 받지 못했다고 구원의 증거가 없다라고 말하는 것은 큰 잘못이다.

16. 지적장애인들을 위한 예배가 반드시 따로 필요한가?

좋은 질문이다. 여기에 대한 답을 하기 전에 반문을 한다면 어른 예배와 어린이 예배를 따로 만드는 게 성경적인가라고 묻고 싶다. 아주 다양한 대답이 나오리라 생각한다. 예배 요소 중 이해를 중요시한다면 어린이/학생예배를 따로 드릴 것을 강조하겠고, 예배는 언약백성의 공동체의식이라고 이해한다면 함께 드리는 예배를 강조할 것이다. 그렇다면 함께 드리는 공동체 예배에 어른의 눈높이에 맞춘 설교를 이해하지 못하는 아이들을 예배에 실패했다고 말할 수 있을까?

지적장애인들을 위한 예배도 같은 맥락으로 이해하면 된다. 지적장애인들의 수준에 맞는 예배를 드림으로써 그들의 이해와 참여도를 끌어 올리는 것이 목적이라면 따로 예배를 드리는 것이 좋고, 가족이 함께 예배를 드리며 설교에 대한 이해보다는 주님께 몸과 맘을 헌신하는 목적으로 드린다면 굳이 따로 예배를 드리지 않아도 좋다고 본다. 그러나 어린이/청소년 예배를 따로 드리는 것이 대세이고, 어른과 함께 예배드리는 교회조차도 자녀를 위한 성경공부 프로그램은 따로 운영하는 것처럼 지적장애인들을 위한 교회 프로그램은 반드시 있어야 한다.

17. 그럼 통합예배는 어떤가?

모든 교회가 다 지적장애인을 위한 예배를 따로 드려야 한다고 못 박고 싶지는 않다. 경험에 의하면 많은 지적장애인이 자신들의 지적능력의 한계에도 불구하고, 정규 주일 예배에 참여하는 것을 더 좋아하는 모습을 많이 본다. 특별히 찬양과 통성기도에 큰 은혜를 받는 것 같다. 기도 중에 성령의 은사가 임하는 것도 본다. 그러므로 지적장애인을 위한 예배라고 언제나 유치원 수준의 예배를 드리는 것은 지양해야 한다.

통합예배를 드리려면 반드시 지적장애인들을 위한 배려가 있어야 한다. 특수교육에서 통합교육을 실시할 때, 일반학급에서 공부하는 지적장애인들을 위해서는 우선 조정된 커리큘럼이 제공되어야 하고 곁에서 공부를 도와주는 일대일 보조교사가 있어야 한다. 마찬가지로 통합예배를 드린다고 그냥 일반예배에 불쑥 집어넣을 게 아니라 교사가 옆에서 예배를 도와주어야 한다.

18. 예배에 참석하는 다른 장애인들-맹인, 농아인, 신체장애인-을 위한 배려는 무엇이 있을까?

오늘날 예배가 영상화되고 시각화되면서 시각장애인들에게는 환경이 훨씬 불리해졌다. 이전에는 "찬송가 몇 장, 성경 본문은 어디고 설교제목은 무엇입니다"라고 사회자가 일러주었다. 그러나 지금은 모든 걸 영상처리하면서 맹인들이 예배를 따라가기가 오히려 어려워졌다. 게다가 단막극이라든가 모노드라마 같은 것들이 도입되고, 바디워십 같은 찬양이 선을 보임으로써 시각장애인들이 더욱 더 이질감을 느끼게 되었다. 따라서 시각장애인들이 출석하는 교회에서는 특별히 신경을 써서 말로 순서를 설명해주어야 할 것이다.

농아인에게 수화통역을 제공하는 교회들이 늘어나는 사실은 무척 고무적이다. 그러나 예배가 끝나면 그야말로 성도간의 교제를 누릴 수 없다. 따라서 자기들끼리 따로 모여 있을 수밖에 없다. 일반성도들이 수화를 모르기 때문이다. 그러나 문자메시지의 등장으로 농아인들은 혁명적 시대를 살고 있다. 그동안은 다른 사람들과 대화를 할 방법이 없었다. 고작 필담이나 팩스를 통해 몇 마디 하는 정도였다. 그런데 지금은 문자메시지를 통해 수화를 모르는 사람들과도 거리낌 없이 대화하게 되었다. 예배 때도 영상에 자막이 제공됨으로써 이전보다 훨씬 수월하게 예배를 드리게 되었다.

신체장애인, 즉 휠체어를 타거나 지팡이를 짚는 사람들을 위해 반드시 경사로를 만들어 주어야 한다. 지금은 모든 건물에 장애인 시설을 하게 되어있으나 한국교회는 전통적으로 계단이 많은 건축구조를 가지고 있다. 그러나 조금만 투자를 하면 신체장애인들을 교회로 인도할 수 있다. 오늘날 교회들이 많은 돈을 들여 해외 선교를 하면서도 정작 이웃에 있는 신체장애인들을 위해서는 신경을 쓰지 않는다. 정작 장애인들은 교회에 나가고 싶어도 장애인들을 배려하는 교회가 많지 않아 마음 아파한다.

선진국에서는 맹인을 위해 점자주보를 제공하거나 성찬을 위한 포도주에 알레르기가 있는 사람들을 위한 배려까지 하는 실정이다.

아직도 우리나라에서는 장애인은 장애인 교회로 나가면 될 것 아닌가하는 생각을 하는 것 같다. 맹인교회, 농아교회들이 한국에 유난히 많다. 교회가 이들을 수용하지 않기 때문이다. 이들을 함께 품고 한식구로 받아들이는 게 진정한 신앙공동체 아닐까? 장애인교회가 해체되고 함께 예배드리는 그 날이 오길 기대해 본다.

19. 장애인은 정말 부정한 사람들인가?

성경을 읽다보면 장애인을 부정하다고 규정한 곳이 많다. 특별히 구약에서는 장애인들을 대개 부정한 부류로 제시해서 신앙생활을 오래 한 신자들도 장애인을 여전히 부정한 사람들로 인식하는 형편이다. 이런 성경해석상의 오류는 목회자들에게도 나타나기 때문에 문제가 된다. 바른 성경적 이해 없이 사회복지적 접근만으로는 장애선교의 길을 바로 인도할 수 없다.

레위기 21장 16~24절을 보면 아론의 자손들제사장에게 명한 규례가 제시되어 있는데, 이 구절에 포함된 육체에 흠이 있는 자장애인는 소경,blind 절뚝발이,lame 코가 불완전한 자얼굴이 일그러진 자,disfigured 지체가 더한자몸의 어느 부위가 제대로 생기지 않은 자,deformed 발부러진 자, 손부러진자,crippled 곱사등,hunchback 난장이,dwarf 백내장,eye defect 괴혈병,festering 버짐,running sores 불알상한자damaged testicles이다.

"이들은 하나님의 식물의 지성물이든지 성물이든지 먹을 것이나 장안에 들어가지 못할 것이요 단에 가까이 못할지니 이는 그가 흠이 있음이라. 이와 같이 그가 나의 성소를 더럽히지 못할 것은 나는 그들을 거룩하게 하는 여호와임이니라"레21:22-23 이렇게 단호하게 규정을 하였던 것이다.

뿐만 아니라 이 규례는 동물들에게까지 적용하였다.

흠 있는 동물제물로 눈먼것,blind 상한 것,injured 지체에 베임을 당한것,maimed 종기가 있는 것,thing with warts 괴혈병,festering 비루먹은 것,running sores 지체가 더하거나 덜한 것,deformed, stunted 불알이 상한것,bruised testicles 치인것,crushed 터진 것,torn or cut 레22:21-24를 제사하였다.

질문에 대한 답을 먼저 한다면 그것은 하나님의 모든 백성에게 규정한 규례가 아니라 제사장 직분을 맡은 자에 한한 엄격한 기준이었다. 그렇다면 '왜 제사장에게는 그러한 엄격한 기준을 말하셨는가? '그럼 장애인은 제사장이 될 수 없다는 말인가?' 제사장들에게는 왜 장애인을 비하하는 듯한 말씀을 하셨을까' 하는 의문이 여전히 남는다.

그렇다면, 우선 구약에서 제사장에게 왜 그런 요구를 하셨는가 하는 배경을 이해해야 한다. 제사장의 직분은 참으로 위험한 직분이었다. 땅의 존재로서 하늘의 영역을 만족시키는 중간지대의 역할을 해야 하기 때문에 그 자격을 엄격하게 한 것이다. 그래서 "흠이 없고, 혈통이 깨끗해야 하며 시체죽음를 만진 적이 없어야 한다"고 의식적 정결을 강조하였던 것이다.

구약에서 제사장의 직분은 하나님과 인간 사이에서 그리고 하나님과 이스라엘하나님의 백성 사이에서 중보자의 역할을 했기 때문에 깨끗한 피와 흠 없는 몸이 요구되었다. 중보자는 땅의 지경에서 하늘의 영역까지 오르락내리락 하는 존재이기 때문이다. 그래서 제사장의 순결을 강조하며 설명하다보니 그 당시 문화적으로 사람들이 부정하다고 생각하는 장애인들을 예로 들어 설명했을 뿐이다. 물론 그런 설명조차 장애인들에게는 기분 좋을 리 없지만, 인간의 문화와 언어를 사용하여 하나님의 깊은 뜻을 설명해야 하는 하나님의 고육지책이었던 것이다.

요점을 말한다면
1. 레위기의 요구는 제사장 직분자들에게 요구한 성결기준이었

다. 부정한 제사장은 성물을 만지지도 먹지도 못했다. 제사장 가족이 아닌 사람은 성물을 먹지 못했다. 여기서 유념해야 하는 사실은 레위인 아닌 다른 지파들에게 이런 기준을 요구하신 바 없으며, 더더욱 신체적 조건을 기준으로 영적해석을 내린 일이 없다는 사실이다.

2. 아주 흥미로운 성경적 관찰은 흠이 있는 제사장은 제사를 집전하지 못했지만, 성물을 먹는 것에서 제외되지 않았다는 것이다. 그러므로 육체적으로 흠이 있는 제사장의 그 인격자체가 부정하다는 뜻이 아니었다.

그렇기 때문에 예배와 코이노니아 그리고 커뮤니티에서 배제되지는 않았다. 다만 하나님께 드리는 예배의식의 순결을 강조하는 표현으로 장애와 질병을 그렇게 상징적으로 표현했을 뿐이다.

3. 이렇듯 제사장과 그 가족들은 정결한 음식만을 먹어야 했으며, 아울러 피의 순결을 지켜야 했다. 그러나 기생/부정한 여인/이혼당한 여인/과부의 그 인격 자체가 부정하다는 말이 아니었다.

4. 그러므로 레위기 21~22장의 중점은 흠이 있는 신체 부적격자의 의식집례 부적격이 아니라 예식에 부적합한 의식적 부정함 ritual impurity에 있었다. 예를 들면 부정한 것을 만진 제사장이 신체장애 제사장보다 더 부정한 자가 되었다. 왜냐하면 신체장애 제사장은 의식을 집전할 수는 없어도 성물을 먹을 수는 있었으나, 의식적으로 부정한 제사장은 성물조차 먹지 못했기 때문이다.

5. 따라서 구약에서도 신체장애인이 예배와 사회에서 거부된 것은 아니었다.

6. 제사장이란 가장 정결한 피가 흐르는 가장 흠 없는 그릇몸에 가장 정결한 음식을 먹어야 하는 존재였다. 따라서 하나님의 정결이란 것을 표현하고자 동원된 상징적 존재장애인/동물/시체등등 그 자체가 부정하다는 뜻이 아니라 정결한 의식을 준비하지 않은 몸과 마음의 상태에 초점을 두는 것이다.

그러므로 장애선교의 가장 중요한 일이라면

첫째, 장애에 관한 어떤 잘못된 영적 해석을 바로잡는 일이다.

성경은 분명히 신체제적 조건으로 영적 해석을 내린 일이 없다. 레위기 21-22장에 요구된 제사장의 기준에 나열된 신체조건은 영적 조건이 아니라 영적 의미의 상징성이었다. 절대로 영적 기준을 위한 신체적 조건이 아니었다는 점이다.

둘째, 직분상 차별을 경계하여야 한다.

장애인이 제사 집전의 제한을 받았어도 제사장이란 타이틀은 보존 되었다. 장애인이란 이유로 어떤 직분 상 불이익을 당하지 않았음을 밝혀준다. 그러므로 외모로 보아 그리고 기능적 이유로 장애인을 어떤 직분에서 배제하거나 불이익을 주어서는 안 된다. 레위기에서 장애인이 제사 집전을 하지 못한 것은 그의 직분이나 영적 리더십에 제한을 가한 것이 아니라 몸의 표피가 하나님의 거룩함에 부정함을 나타내는 특성을 가졌기 때문이었는데, 제사 집전만 하지 못했을 뿐 다른 영적 리더십에 제한이 가해진 것은 아니었다. 그러나 이제는 이런 제약마저도 예수 그리스도 안에서 다 철폐되었음을 다시 한 번 명심해야 한다.

셋째, 정결한 영적 음식을 먹이는 일에 초점을 맞추어야 하겠다.

예배 시간에 무엇을 하면 되고 무엇을 하면 안 되고, 어떤 악기를 쓰면 되고 어떤 악기는 안 되고, 어떤 장애는 예배에 적합하고 어떤 장애는 부적합하고… 이런 유의 논의는 우리가 다시 레위기로 돌아가는 행위이다. 예수 그리스도는 모든 의식과 구분을 철폐하셨다.

그렇다면 정결한 음식은 무엇일까? 특히 장애인들에게 정결한 음식은 무엇일까?

오늘날 영적 레위인이 된 그리스도인이 먹어야 할 음식은 이제 우리의 대제사장이신 예수 그리스도께서 나누어 주신 그의 살과 피가 음식이요 음료이며, 그 주님의 살과 피를 증거하는 것이다.[1]

---

1) 더 자세한 내용은 본인이 쓴 『장애신학』(대장간, 2010)을 참조하십시오.